U0054130

消費文化理論

Consumer Culture Theories

陳坤宏／著

孟 樊／策劃

出版緣起

　　社會如同個人，個人的知識涵養如何，正可以表現出他有多少的「文化水平」（大陸的用語）；同理，一個社會到底擁有多少「文化水平」，亦可以從它的組成分子的知識能力上窺知。眾所皆知，經濟蓬勃發展，物質生活改善，並不必然意味這樣的社會在「文化水平」上也跟著成比例的水漲船高，以台灣社會目前在這方面的表現上來看，就是這種說法的最佳實例，正因為如此，才令有識之士憂心。

　　這便是我們─特別是站在一個出版者的立場─所要擔憂的問題：「經濟的富裕是否也使台灣人民的知識能力隨之提昇了？」答案恐怕是不太樂觀的。正因為如此，像《文化手邊冊》這樣的叢書才值得出版，也應該受到重視。概一個社會的「文化水平」既然可以從其成員的知識能力（廣而言之，還包括文藝涵養）上測知，而決定社會成員的知識能力及文藝涵養兩項至為重要的因素，厥為成員亦即民眾的閱讀習慣以及

出版（書報雜誌）的質與量，這兩項因素雖互為影
響，但顯然後者實居主動的角色，換言之，一個社會
的出版事業發達與否，以及它在出版質量上的成績如
何，間接影響到它的「文化水平」的表現。

　　那麼我們要繼續追問的是：我們的出版業究竟繳
出了什麼樣的成績單？以圖書出版來講，我們到底出
版了那些書？這個問題的答案恐怕如前一樣也不怎麼
樂觀。近年來的圖書出版業，受到市場的影響，逐利
風氣甚盛，出版量雖然年年爬昇，但出版的品質卻令
人操心；有鑑於此，一些出版同業為了改善出版圖書
的品質，進而提昇國人的知識能力，近幾年內前後也
陸陸續續推出不少性屬「硬調」的理論叢書。

　　這些理論叢書的出現，配合國內日益改革與開放
的步調，的確令人一新耳目，亦有助於讀書風氣的改
善。然而，細察這些「硬調」書籍的出版與流傳，其
中存在著不少問題，首先，這些書絕大多數都屬「舶
來品」，不是從歐美「進口」，便是自日本飄洋過海而
來，換言之，這些書多半是西書的譯著。其次，這些
書亦多屬「大部頭」著作，雖是經典名著，長篇累
牘，則難以卒睹。由於不是國人的著作的關係，便會
產生下列三種狀況：其一，譯筆式的行文，讀來頗有

不暢之感，增加瞭解上的難度；其二，書中闡述的內容，來自於不同的歷史與文化背景，如果國人對西方（日本）的背景知識不夠的話，也會使閱讀的困難度增加不少；其三，書的選題不盡然切合本地讀者的需要，自然也難以引起適度的關注。至於長篇累牘的「大部頭」著作，則嚇走了原本有心一讀的讀者，更不適合作為提昇國人知識能力的敲門磚。

　　基於此故，始有《文化手邊冊》叢書出版之議，希望藉此叢書的出版，能提昇國人的知識能力，並改善淺薄的讀書風氣，而其初衷即針對上述諸項缺失而發，一來這些書文字精簡扼要，每本約在六至七萬字之間，不對一般讀者形成龐大的閱讀壓力，期能以言簡意賅的寫作方式，提綱挈領地將一門知識、一種概念或某一現象（運動）介紹給國人，打開知識進階的大門；二來叢書的選題乃依據國人的需要而設計的，切合本地讀者的胃口，也兼顧到中西不同背景的差異；三來這些書原則上均由本國學者專家親自執筆，可避免譯筆的詰屈聱牙，文字通曉流暢，可讀性高。更因為它以手冊型的小開本方式推出，便於攜帶，可當案頭書讀，可當床頭書看，亦可隨手攜帶瀏覽。從另一方面看，《文化手邊冊》可以視為某類型的專業

辭典或百科全書式的分冊導讀。

　　我們不諱言這套集結國人心血結晶的叢書本身所具備的使命感，企盼不管是有心還是無心的讀者，都能來「一親她的芳澤」，進而藉此提昇台灣社會的「文化水平」，在經濟長足發展之餘，在生活條件改善之餘，在國民所得逐日上昇之餘，能因國人「文化水平」的提昇，而洗雪洋人對我們「富裕的貧窮」及「貪婪之島」之譏。無論如何，《文化手邊冊》是屬於你和我的。

　　　　　　　　　　　　　　　　　　　　孟樊
　　　　　　　　　　　　　　　一九九三年二月於台北

序

　　廣義地說，「消費」無時無刻不存在我們的生活之中，或者是說，在我們的生活中，每一個活動、每一個事件都是一種消費現象。既然「消費」與生活密不可分，所以說，消費是創造人類文明、推進文化發展的主要動力之一。因此，欲瞭解文化，「消費」當然是不可少的重要一環。可是，放眼觀之，在當今人們的日常生活裡，每天沈溺於消費大海之中，究竟有多少人曾經去欣賞、去思考、去反省自己的消費行為或消費態度？在學院派裡（尤其是國內），對「消費文化」此一領域的種種下過功夫去專研者，則是少之又少。因此，能夠有機會去介紹有關消費文化理論的知識，應該是對國內在這方面的一點點貢獻。我想這正是本人撰寫這本書的動機所在。

　　基本上，這本書是以本人幾年來發表於期刊之有關消費文化理論多篇論文的內容為其基本骨架，並擷取本人博士論文的部分內容共同形成。因此，本書所

介紹的「消費文化」是以「理論」為主。基於此，本
人期待這本書能夠發揮兩項作用：第一是對於欲作為
一個新興的研究領域或成為一門新的學科而言，理論
的整理與瞭解是最重要的第一步；第二是經由對消費
文化理論的認識與反省，能夠建立國人一個合理健全
的消費行為與消費態度，也算是一種消費教育。寫完
這本書，深刻領悟到一個哲理：那就是，消費的問題
主要出於人類欲望的無窮以及缺乏惜福的觀念，所
以，要建立一個適當的消費文化，除了貫徹消費教
育，找出合理的物價結構與健康優雅的消費方式之
外，還得建立每一顆健全的人心才行，以惜福與愛護
地球資源的觀念去矯正過去錯誤的生活型態。這個哲
理正好告訴我們，或許跳脫欲望的法輪，即佛教所謂
「無欲則無無明，自如自在」就是一個終極的圓滿境
界。

　　這本書得以完成，本人要感謝台大法研室、工
圖、經濟系、農經系、農推系、地理系以及中央研究
院等圖書館，提供不少書籍文獻，讓我有機會去閱讀
整理消費文化理論的相關知識；另外，本人也感謝這
幾年來行政院國科會補助專題研究計畫，讓我有機會
進行有關商店街消費文化與空間關係之研究；同時更

要感謝台大社會系葉啓政老師對於我在消費文化領域
的啓蒙並且提供相關書籍。還有，揚智文化事業公司
熱心地協助這本書的出版工作，本人也藉此致上衷心
的謝意。最後，我很願意把這本書獻給親愛的太太以
及寶貝的兒子、女兒。

陳坤宏

國立台南大學

二○○五年二月

目錄

第一章
導論

本書所謂的「消費文化」，主要涵蓋以下幾個層面的觀點：

一、經濟學的觀點

即人的欲望→需要→購買物品。

二、文化人類學的觀點

其旨趣不在經濟現象的量化，無法在消費行為與其他因素間找出數字表示的函數關係，而只能做主觀的推論。強調的觀點如一個人的欲望受到文化的界定，不同文化背景的人，其欲望也會不同，滿足欲望的方式也會不同；物品的消費本身就是一種人際關

係、社會義務；物品價值的決定在於使用者的判定，
而使用者的判定又受到文化的影響。

三、社會學的觀點

其旨趣乃基於眞實的社會現象來分析消費文化，
認爲研究消費文化與行爲，必須應用已發展出的社會
學理論，加以解釋預測。例如文化存續、協調一致與
競爭（如T. Veblen所提的炫耀性消費）、社會階級或社
會階層（如M. Weber認爲一個人藉使用的物品，表明他
所屬的社會階層；P. Bourdieu）、社會化或社會學習、
角色和地位的理論等。

四、心理學的觀點

二次大戰前，視消費者爲購買者，其研究目的是
幫助生產者、銷售者，刺激消費者多購買物品，加速
推銷產品；二次大戰後，隨著消費者主權和消費者至
上觀念的高漲，心理學家開始視消費者爲消費者而進
行研究。他們對消費行爲有一個最基本的觀念，即消

費者的消費行為都有其目的——為了滿足需要，因此，關於人類的需要、動機、態度、期望以及認知、溝通、學習等心理學的基本概念與理論，乃被用來解釋、分析消費行為與文化。

五、政治學的觀點

強調從文化帝國主義與多元主義的觀念，來界定消費的性質（如J. F. Sherry, Jr.），或者認為高能量、高度市場化的消費文化是會將文化帝國主義、霸權化加以制度化（如J. F. Sherry, Jr.、R. Ulin）。對文化工業與日常生活的批判（如T. Adorno、M. Horkheimer、H. Marcuse、H. Lefebvre等）均屬之。

六、市場（汁銷）學的觀點

從生產者、廠商的角度來看消費行為的過程。

七、消費者的觀點

從消費者本身的角度來看消費行為的過程。

八、後現代主義觀點

其旨趣在於研究當今西方社會象徵性商品的過度供給以及文化失序與去分類（視爲一種後現代主義）的發展趨勢下，不但帶來一些文化上的問題，而且也給予文化、經濟與社會之間關係的概念化一個更寬廣的涵義，於是消費文化乃被界定在渴望、愉悅、感情和美學的滿意感等問題上（例如，M. Featherstone便是這一方面的主要研究者）。

從以上各研究領域的介紹，吾人可以發現，消費文化是一門非常複雜的領域，所牽涉的因素很多。因此，要研究複雜的消費文化與行爲，單獨一門學科的力量是不夠的，應利用科際整合的方式，綜合各學科的理論，方可進行研究。基於此，吾人主張各學科應全盤整合，使消費文化的研究成爲一門新的學科。

有鑑於此，本書所討論的「消費文化」是以「理論」爲主。吾人相信，對於欲作爲一門新的科學以及新興的研究領域而言，理論是最重要的第一步。

本書的架構共分爲五章。第一章：導論，首先界

定本書所謂「消費文化」的定義與討論的範圍，並簡
扼介紹每一理論的基本論點。第二章：理論發展背
景，強調消費在整個西方社會轉型中所扮演的角色。
認為消費既是西方社會巨大轉變的原因，也是西方社
會巨大轉變的結果；因為絕大多數的消費文化理論發
源於西方社會，自是有其道理。第三章：理論派別、
內容與代表人物，乃針對以上除經濟學外的七個研究
領域，介紹它們對消費文化的定義、研究觀點與內容
以及典型的代表人物，期望讀者對複雜的消費文化領
域有一基本且清楚的認識。第四章：對台灣消費文化
現象的啟示與意義。在回顧台灣社會結構的轉變、社
會多元化、各社會階層的生活型態以及家庭成員關係
的改變等四方面之後，提出台北市消費文化與空間現
象經驗研究的重大發現，將有助於對現在以及未來台
灣消費文化所可能呈現的意義，產生一些啟示作用。
第五章：旨在介紹消費文化與商業空間關係之理論與
研究，本人將有關都市商業空間與零售地理的理論與
研究分成三個時期，分別就三個時間的代表性學者、
理論觀點及研究情形加以敘述分析，最後本人特別強

調商店街的消費文化與社區空間成對關連的重要性與
前瞻性，並以本人執行九十與九十二年度行政院國科
會專題研究計畫的部分成果作為輔助性說明。

　　吾人認為，「消費文化」不僅說明「買」與「賣」
的關係，更說明了「人」與「人」、「人」與「物」之
間深層的涵義。因此，基於建立一顆健全的人心、正
確的生活型態、愛惜地球環境資源、具有獨立自主且
有尊嚴的生命以及維持穩定的社會結構等層面的立
場，儘速建立一個適當的、合理的、公平的消費文
化，實為當務之急。從佛教的論點觀之，或許跳脫欲
望的法輪——即所謂「無欲則無無明，自如自在」就
是一個終極的圓滿境界。我想這正是寫這本書的殷切
期望與目的之所在。

第二章
理論發展背景

　　消費革命是社會大變遷的一部分，雖有許多的社會科學與歷史調查已經投入，如Durkheim、Weber、Marx、Simmel、Sombart與Tonnies等學者，然而，眞正對消費研究關注並埋首研究的學者卻很少。就像N. Mckendrick指出的，法律、經濟、工業和其他的研究早已引起置身於此巨大轉變中的學者的注意，但是，一直到最近，學者們才開始重視在西方轉變中，消費變遷所扮演的角色。

　　這一新學術社群的研究取向是多元的，他們甚至對某些消費革命最基本的概念，都還沒有一致的看法。舉例來說，N. Mckendrick（1982）宣稱發現消費革命的誕生，是在十八世紀的英國；R. H. Williams（1982）的發現卻指出是在十九世紀的法國；而C. Mukerji（1983）則認爲是起源於十五與十六世紀的英

國。事實上，這些不同取向與認知，將有助於我們從幾個觀點來看待消費革命的不同面向。

　　欲探討消費文化理論及其演變，必須看到消費（consumption）在整個西方社會轉型中所扮演的角色。我們知道，在西方世界創造的過程中，消費及其歷史的演變已經成爲一項相當複雜的研究主題。消費和西方社會之間究竟存在什麼樣的關係，眾說紛紜、莫衷一是。但是，最一般化的說法，即認爲消費既是西方社會巨大轉變的原因，也是西方社會巨大轉變的結果。此乃因消費作爲西方社會幾世紀長久以來一種決定性的社會和歷史的力量，以及它經常處於非常複雜的情境中運行之故。

　　縱使消費與西方社會之間的關係具有上述的說法，但是，近年來已有四個研究開始呼應此一說法（McCracken, 1987: 140-141）。以下僅就此四位對現代消費起源和發展之研究有貢獻的學者及其代表著作，做一簡單的回顧。

　　第一，最具影響力者當屬 F. Braudel 於1973年所寫的 *Capitalism and Material Life*，1400-1800 一書。他是最先認爲消費行爲對於西方社會非凡的發展具有重大貢獻以及明確表示廣泛的歷史觀點研究之重要性的學

者。以下三位學者均依循他的觀點。

　　第二，N. Mckendrick與J. Brewer、J. H. Plumb於1982年合著*The Birth of A Consumer Society: The Commercialization of Eighteenth-Century England*一書，N. Mckendrick堅定地認為在整個西方社會的巨大轉變中，消費革命（consumer revolution）應該與工業革命同樣地重要，而成為歷史上兩個重要的夥伴。由此可知，經過F. Braudel與N. Mckendrick兩位學者所提出的觀點之影響，長久以來受到忽視的需求層面的研究，在整個歷史研究社群中開始逐漸引起注意。

　　N. Mckendrick與其同事在這本書提出一個發生在十八世紀，關於社會轉型中被忽略的觀點，強調傳統的研究取向只提供我們一半有關社會轉變的圖像——即「供給面」，而忽略了「需求面」。這本書的目的即在證明工業革命需求面的發展，並說明品味和偏好的轉變如何對這一段歷史的大轉變做出貢獻。追溯此一消費革命，係源於1690年代英國的消費者，對印度進口的廉價細軟棉布的狂熱喜愛，此一流行需求乃成為新消費品味的初期指標，並將國內生產與進口推動到一個新的境界。N. Mckendrick等人從此事件開始，檢視「流行的商品化」如何成為十八世紀一連串創新發

明與消費需求的變遷及相互影響的主要領域之一。

　　雖然 N. Mckendrick對消費問題的研究貢獻十分卓
著，但卻有一個比較明顯的分析途徑的問題。乃因他
幾乎全盤接受Veblen的炫耀性消費和Simmel修正的「滴
漏」(trickle-down) 觀念，用來檢視十八世紀的消費新
生潮，得到一個視消費爲一種身份競爭的現象，卻沒
有利用自己和其他社會學者對十八世紀研究的資源，
況且Veblen和Simmel的發現並非是建立於對那個時代的
考察。另外，由於他過度依賴Simmel和Veblen的概念，
阻礙了他進一步追問該研究所提出的一些問題。例
如，如果對新奇事物的喜好是建立在流行時尙的接受
度上，那麼，試問這個喜好是從何而來？消費者「心
理」的基本改變是如何發生的？

　　縱使如此，N. Mckendrick的研究對我們瞭解現代
消費的發展及歷史起源，具有重要的貢獻。他對於流
行時尙、陶器等物品之商品化過程的說明，以及J.
Brewer、J. H. Plumb對於政治和社會商品化的補充研
究，對消費問題研究具有重要的貢獻，並提升了這個
問題在學術上正統的新位置。

　　第三，R. Williams於1982年著有*Dream Worlds:
Mass Consumption in Late Nineteenth Century France*一

書。在這本書中，他討論消費在從路易十四世時代法
國的社會生活到十九世紀巴黎的百貨公司中所扮演的
角色。

　　這本書是對這個正在成長的消費歷史研究的另一
貢獻，極力強調對當今社會的瞭解要從過去的歷史開
始，且具有明顯的道德特徵，它不僅比較清楚呈現對
現代消費特性的瞭解，它也徹底譴責現代社會的商品
化，以及「消費的夢幻世界」的過度與迷惑，這是這
一本書與 N. Mckendrick 那一本書主要的區別。雖然不
少共鳴者同意這本書的道德觀點，但他們卻都發現 R.
H. Williams 在處理十九世紀法國歷史時的困境，亦即該
本書有一個明顯的「現在主義」，因為我們看到十九世
紀法國歷史的論述只是用來瞭解現今的社會，卻從未
視當時歷史本身的獨立存在狀況，每一個異於當時的
發展，均有可能產生與現今歷史現象全然相反的結
果。就 R. H. Williams 而言，消費者革命起源於十九世
紀晚期的法國，法國人在零售和廣告上創新努力的成
果，使得巴黎成為「大眾消費的試驗工廠」，她認為
1889 年的巴黎博覽會，是第一次有計畫性的提供大眾
消費的環境，此對百貨公司和各種商展的發展，具有
決定性的貢獻。

　　R. H. Williams的研究以「宮廷消費的封閉世界」
開始，首先調查了十七世紀法國貴族的消費現象，特
別注意到這些貴族階級與「消費之王」路易十四的特
殊關係，並且分析法國大革命的效應。接著提出「大
眾消費的夢幻世界」的概念，認為這是被十九世紀晚
期巴黎的世界博覽會與百貨公司所建構起來的。她最
後以夢幻世界裡的四種生活風格——中產階級、大
眾、菁英與民主來完成這本書的論述。總之，此一研
究的長處在於她以較寬廣的視野來看待消費革命，並
且使用豐富的社會科學概念佐證之，包括：路易十四
將消費變成一種政治手段、管理的方式；她使用了Elias
文明化過程的主張，建議新的消費習慣和程度是由巨
大的社會變遷來推動的可能性；她也注意到中產階級
如何模仿上流社會，並採用新的消費策略；以及她觀
察了不同生活風格的相互影響等。以上這四個論述途
徑，正是 N. Mckendrick對十八世紀英國的研究所欠缺
的，這些也都是洞察消費革命起源的潛在機會，值得
注意。

　　R. H. Williams著作中的一些缺點，包括：她簡單
的主張當「文明的進程」對社會行為產生新的拘束
時，新的消費商品跟著出現。但是，這種複雜性的關

係是需要更深入的辨證加以支持才行。還有，她提出
貴族首先購買的物品之一是「休閒時間」時，實際上
是犯了看待歷史事件的一個基本錯誤，顯示了對文化
定義上的社會行動者在現代社會初期的勞動意義的重
大誤解，對此，她並沒有提出一個較明確的理由。最
後，該研究存在著許多的「快速跳躍」，以致於它所產
生的問題比它可能解答的為多。總之，R. H. Williams
的論述立場不必然得到完整的發展和論證的基礎。

第四，C. Mukerji 於1983年著有 *From Graven
Images: Patterns of Modern Materialism* 一書。在這本書
中，他回溯在十五、十六世紀歐洲的「消費文化」的
起源，並且探討此一發展在十八世紀的意涵。他認為
消費革命並不只是工業革命的一個夥伴而已，它應該
還是歷史上一個必要存在的先輩。

這本書是第三個試圖去發現消費革命的起源以及
處理它在現代時期發展的著作。C. Mukerji 將「消費文
化」的起源定位在十五到十六世紀的歐洲。她檢視初
期現代印刷術、十八世紀的棉布，以及唯物主義的三
個面向——消費主義、投資性商品、唯物主義者思想
的發生，發現了在現代社會初期已存在一種「放縱的
消費主義」。基於這個發現，她宣稱，消費主義在資本

主義形成之前已經存在，並且幫助創造了資本主義。此一宣稱顛覆過去傳統所認爲的消費主義是跟隨資本主義而出現的說法，因此，根據此一新解釋，消費主義在早期即已存在。

關於如何去論證早期的消費革命對西方資本主義的發生，以及該社會的巨大轉變是具有貢獻的這件事，C. Mukerji乃透過分析早期消費商品的「增加」，特別是文字印刷、圖畫印刷、地圖以及像軟棉布等非傳統紡織品的研究，來加以論證。另外，C. Mukerji的研究是非常具有啓發性的，因爲當她試圖解釋消費如何對這個巨大變遷產生貢獻時，她注意到「所有物體的象徵及溝通的特質」。根據 M. Douglas 與 B. Isherwood（1979）以及 M. Sahlins（1976）的研究，C. Mukrji關注經濟行爲的文化面向以及消費商品內含的種種文化意義，在此一前提下，她評估消費對現代世界的發展所帶來的衝擊，並且視物品爲一種作爲傳達、轉變，甚至是對現有文化創意發明的媒介。

C. Mukerji雖然試圖去探究文化意義的研究，但最終仍未實現。「文化」與「意義」二詞貫穿在她的研究中，但她對此二詞彙的運用並未能達到人類學的定義和標準。她一再地檢視商品的「象徵性特質」，卻未

能成功地將它連結於 M. Douglas 與 B. Isherwood 以及 M. Sahlins 對這些特質的論述。因此，G. McCracken（1984）才會認爲這個研究從未實現她所期望的理論目的。

在上述的回顧裡，我們知道這四位學者是此研究領域最卓越及最具啓發性的代表，前述摘要也大致整理了這個新生領域中諸多不同的研究途徑，值得學者專家投入時間在消費實證和理論上的研究。現在，我們最期待的是一份以文化觀點分析消費商品和行爲的研究報告，以及消費對西方或東方社會轉變的研究貢獻。

總而言之，上述四位學者的研究已經爲此一領域的重要性啓開門戶，它們讓我們看到在歷史涵構中消費文化研究所面臨的主要課題。

當消費文化研究的重要性不但受到肯定，而且已經展開具體的研究工作之際，兩個主要的挑戰於焉形成，尚待克服。第一個挑戰在於探討西方社會中，消費與文化之間的關係。此一挑戰的目標在於瞭解文化與消費是如何完全地變爲互相貫通且彼此決定對方。爲達到此一目標，吾人必須將消費當作是一種「整體的社會現象」（total social phenomenon）來加以分析，方能克功。因爲吾人必須從更寬廣的角度來看待消費

這件事，消費並不只是需求的滿足而已，它更是一種
具有消費者的存在與意識形態之涵義的活動。同時，
消費也並不只是社會變遷的反映而已，它本身也有權
利作爲一個主觀建構性的成因代理人。第二個挑戰是
有必要去建立一個觀點：「消費革命」是如何在十六
世紀開始成爲一種歷史上瘋狂性的插曲。更重要的
是，在本世紀，不斷變化的消費型態已成爲當今西方
社會一種連續性發展的結構化實體。所以，從十六世
紀至本世紀，消費型態的變遷與西方社會的發展之間
究竟存在什麼樣的對應關係、因果關係或其他關係，
實已成爲消費文化理論中一項極爲重要的課題。

第三章
理論派別、內容
與代表人物

　　面對「消費」一詞的定義在學術界眾說紛紜、莫衷一是的情境下，它通常會因領域背景的不同而展現不同的定義與特徵，因而「消費文化理論」乃呈百家爭鳴且日趨複雜。在各種不同觀點之下，有一點共識卻是相同的，即消費文化理論的發展是與整個歷史社會現象、都市文明的步調彼此呼應、相互一致的。在此一發展背景之下，近年來已逐漸成為若干學術領域熱門話題的消費文化問題，對於國內都市規劃界在都市空間與其文化社會現象之間關係研究上的啟示與貢獻，實為特別值得吾人重視之一新的研究方向。本書之內容主要是基於在文化、社會學、心理學、政治、市場學、消費者以及後現代主義等七個觀點之下，國

內外學者所提出的消費概念及其代表人物做一回顧與
整理，期望對於國內在消費文化理論與都市空間此二
領域互相結合之新的研究方向上，進行鋪路的工作
（參閱陳坤宏，1992b）。

第一節　文化的觀點

　　一般而言，從文化的脈絡來看消費的觀點，基本
上是關注任一社群之意義的基本組織。因為經由這種
有意義的辨識與區別，文化乃能夠創造人們、時間、
空間、活動和事物的範疇。因此，從這個角度來看，
文化乃扮演了如下的功能。例如，文化可以提供區隔
階級、性別、年齡、職業之用，而這些向度是用來組
織社會世界的；文化可以用來界定個人和群體的概
念，而此種概念足以構成社會組織和社會行動；文化
可以用來組織時間和空間的連續性，亦即文化意謂著
「何時」和「何地」；文化可以決定任一現象的世界是
如何地從一個均質的、整體的感覺轉變成為一種相互
連貫、明確表示、分享的印象主體。
　　由上述文化的功能可知，在整個西方文化之中，

消費的歷史不斷地進行著各種非凡的變遷，因而它有
助於改變存在吾人時空中的文化範疇。易言之，這種
將消費放到人類文化的脈絡中加以分析的研究取向，
基本上乃顯示消費（consumption）與文化（culture）是
一組等量齊觀、足以相提並論的事物。已有不少西方
學者抱持此一觀點，茲分述如下：

一、F. Braudel

　　法國年鑑學派學者F. Braudel認爲在西方文明發展
中，關於服飾、陶器、食物、傢俱、建築與其他產品
之風格有系統性的轉變，有助於強化西方發展時間的
「階段性」。因爲如果舉凡物品（goods）風尙的轉變足
以將西方文明的時間更精細的劃分出不同的單位時
間，則這些物品也將可以作爲在物質世界中標識出明
顯區隔的指標。換句話說，物品將變成是一種用來閱
讀時間的方式。因此，工業革命在西方文明發展中的
重要性是衆所周知，同樣的，消費革命在西方文明發
展中亦有等量的重要性。最有名的例子是，消費的形
塑與西方新的空間觀念的形塑是同時存在的，尤其在
居住環境上，關於「私密性」此一新觀念的實現，充

分表現在新的住宅形式與內部設計上。針對這一點，F. Braudel認為私密性是一種十八世紀的創新，它不但在新的建築形式上表現出來，也表現在許多產品的類別上。因此，毋庸置疑的，私密性這種新理念是會反映出消費革命的需要，換句話說，消費革命本身乃成為創造出私密性之類效果的原因。

二、R. W. Belk

　　若干學者認為文化除了用來界定時間和空間的結合外，它還可以用來界定所謂的「個體」（individual）。「個體」此一觀念在整個消費的歷史中是極其複雜的，是必須多著筆墨去處理的。因為吾人必須去瞭解一個個體是如何從一種整體性的組織如家庭、階級之中獨立出來，而且這種個體的獨立與消費之間具有何種的關係。就像R. W. Belk所說，近年來，自主性個體的成長是得助於人們將消費性物品作為一種手段的運用，其中個體乃足以界定且區隔出自我與他人之間的差別。因此，從這個角度來看，消費革命是有助於個體從某些社會群體中湧迸出來，並且可以提供給個體某種意義。

三、C. Campbell

　　如上所述，消費與西方個人主義的成長二者是互
為因果。同樣的，C. Campbell 也對此一課題作出重要
的貢獻。他經由觀察浪漫運動在激勵新的自我概念中
的角色，得到自我概念確實可以作為一種繼續不斷刺
激消費之事物的結論。因為浪漫運動本身必須經由一
種獨特內在性格的發展而實現，且必須有一些新奇的
經驗以超越過去的習俗、形式與傳統。簡言之，浪漫
運動這種概念是一種創造新的消費水準之強有力的力
量。同樣的，這些新的消費水準亦有助於浪漫運動在
整個西方文化中的權威地位。

四、J. O’Neill

　　由以上討論，吾人可以進一步看到有關將身體
（body）視為一種消費革命的結果之文化上的再界定，
J. O’Neill 即是主張此一說法的學者。他認為近年來事
實上已存在許多將身體視為商業目的的例證。亦即存
在身體的各種條件和特性都已經被轉變成為市場機

會、社會渴望和象徵性宣言。因此，身體的「商品化」
基本上是整個大的文化運動的一部分，在其中，許多
事物均被認為是獨立於市場之外（例如：情感、親密
性以及其他「個人」的事物），而已轉變成為一種商
品。

五、M. Shell

　　消費與文化之間相互說明的另一種衡量方式，即
是將經濟性探討的主題與意義導引至文學之中。M.
Shell主張文學與經濟活動二者在基本上是相似的企
業，即是證明。據此，他認為金錢與語言是一對足以
互相表明實體的價值體系，而在其間扮演交換媒介的
人，基本上也是相似的代理人。J. S. Allen亦主張同樣
的論點，認為在二十世紀的美國，文化是可以被用作
市場（行銷）目的，而市場（行銷）亦可以被用作文
化目的。

六、G. McCracken

　　主張此一論點最有力的學者當屬G. McCracken。他指出（McCracken, 1988: Introduction），在現代世界中，文化與消費之間具有史無前例、新奇的關係，從沒有任何時空有過這般強烈的互動性關係產生，也未有過這麼複雜的關係。已有不少的社會科學家慢慢看到這種關係，而且仔細探討它的意義。但是，他們一般都未能夠看到「消費完全是一種文化現象」這一點。G. McCracken認為，任何消費性商品創造的設計與生產完全是一種文化企業。任何可供消費者花費時間、注意力及收入在上面的消費性商品，都會被賦予文化意義。消費者使用這些意義都是帶有文化目的。他們使用消費性商品的意義以表示文化的類別與原理、培養一些理念、維持生活方式、建構自我概念，並創造、維持社會變遷。因此，消費本質上是文化的。

　　經驗事實顯示：在西方已發展國家中，文化與消費具有密切關連。沒有消費性商品，當今已發展國家都將失去文化再生產、表現及操作的主要工具。那些

足以創造出商品的設計、生產、產品發展、廣告及時
尚等東西都可說是「文化」這個世界的作者。所以，
這些消費性商品的意義、創造的意義（由消費過程所
完成的）是我們當今社會實驗舞台中的重要部分。沒
有消費性商品，文化中自我界定、集體界定的行為將
成為不可能。由此可見消費與文化之間的重要關連。
因此，吾人可以這麼說，物質文化與西方文化是同樣
的東西。

　　G. McCracken又提出消費性商品意義的移動
（meaning movement）、傳播的觀念。物品的意義是不斷
地在文化世界中從一個地區傳送到另一個地區，乃因
商品意義會被產品設計家、廣告家、行銷人員及雜誌
作家轉移到消費性商品上，再由消費性商品轉移到個
別消費者身上。同時，消費性商品可被視為一種連續
性、變遷性的主要工具。因為物品具有創新的能力，
因而成為社會中最有力的變遷力量之一，成為一個用
來測度社會變遷的有效工具。

　　在消費與文化互動關係的探討中，其中一種最明
顯的變化是物品所涵蓋的意義之變化（McCracken,
1987: 146-147）。在中古世紀與文藝復興時期，舉凡人
類所製造的物品都帶有某種象徵的意義，甚或道德的

意義，例如一棟伊莉莎白時代的房子，到了文藝復興時期之後，當西方商品出現時，這種具有道德意義的說法乃不復存在。但是，這並不意味著，過去象徵性的傳統已經完全消失，而是被賦予一種新的意義——更世俗、更社會化的意義。這些意義包括角色與認同的觀念、新的生活方式理念、新的男性與女性的理念、新的社會性理念，以及新的民族性理念。由此可知，當面對傳統的衰頹、新變遷的壓力，整個西方也處於某種重大意義的改變之中。易言之，這種經由物品的新的溝通形式，不僅確保足以代表那個時代的某種意義，並且也會形成一種逐漸無具名、移動性的社會。

七、M. Featherstone

　　M. Featherstone提出所謂「美學消費」的觀念。在談論他的美學消費觀念之前，應先對「後現代性」（postmodernity）此一名詞有一瞭解。因為將「後現代性」放在強調所謂「日常生活的美學化」（the aestheticization of everyday life）的觀點來看，則與M. Featherstone的美學消費觀念有密切的關係。簡言之，

日常生活的美學化指的是將一般日常生活轉變成藝術作品來看待；它也說明現代社會中各種符號與意象迅速地流動著。亦即，在M. Featherstone的定義下，現今的日常世界因提供消費者許多潛在的表現對象與機會，而將造成更多所謂「真實的美學化」(greater aestheticisation of reality)(Tomlinson, 1990：21)。其中最明顯的則是所謂的「美學消費」(aesthetic consumption)。因為在現代社會中，一般日常生活往往會被變形成為一種屬於藝術性、知識性反文化之一部分的美學上相當愉悅的東西，而這種東西是與大眾消費、新品味、新感覺的追求、明顯區隔生活方式的建構均有密切的關係，所以，這些都會成為消費文化的核心(Featherstone, 1991: 66-68)。在 M. Featherstone的觀念裡，消費文化 (consumer culture) 指的是個性體、自我表現與格調化了的自我意識。而且，消費文化有一種雙元性的關係存在：

1.從經濟的文化向度來看，物質商品的象徵化與使用均可作為一種「溝通者」之用，並不只是效用而已。

2.從文化商品的經濟性來看，供需、資本積累、競爭以及壟斷等市場法則，都將在生活方式、文化商品

的領域中加以運作。

　　由此可知，這種消費文化的現象，正是M.
Featherstone所謂美學消費的精義所在（Featherstone,
1991: 84-85）。

　　很明顯的，M. Featherstone所提出的美學消費觀念
與J. Baudrillard的符號消費理論的功用一樣，都是足以
反映消費型態的特性與轉變。只是，在日常生活的美
學化之作用下，美學消費更能夠直接影射出消費者對
於商品意義與空間意義的基本態度，這正是本觀念的
重點所在。

第二節　社會學的觀點

　　基本上，從社會學的觀點來消費的概念，必須要
考慮到個人的消費是如何受到群體的影響，以及群體
的消費是如何受到他們之間內部動態性的影響。更特
別的是，個人的消費可以視爲是受到那些在家庭、社
會階級、次文化團體、種族、生活方式、朋友、職業
團體和參考團體中之成員的影響結果。相反地，這些
團體會根據他們人口組成的特性、社會地位、資源基

礎、階級地位和雄心，以及對自我、社會和世界的觀
念來表現出整體性消費型態的特徵。從理論的觀點來
看，這種一個團體的消費對於另一團體的消費所造成
的影響，是可以從擴散理論與意見領袖模型來加以解
釋，而個人之間的競爭是可以由Mason（1981）、Veblen
（1912）的炫耀性消費理論以及Simmel（1904）的垂直
與水平地位的競爭觀點來加以解釋。這些理論都是當
一個人欲瞭解社會學脈絡中的消費觀點時必須去理解
的。

　　基於歷史研究上的需要，主要的研究領域應包
含：消費是如何對於階級（class）與家庭（family）此
二群體的轉型產生作用；或者是說，消費是如何受到
階級與家庭此二群體繼續不斷的轉型而改變的。首先
討論階級。在十六世紀初，西歐是一個社會階層界定
嚴格且地位組織非常清楚的社會，且其社會流動性極
低，因而個人的消費行為大都是由其在整個社會階層
中的位置（即階級身分）所決定；同時，這種社會階
層的存在鼓勵了一般人去羨慕並且模仿較高階級的消
費行為，也刺激了個人去期望較高階級所使用的一切
創新性產品。可是，到了本世紀初，此一社會組織體
系產生了重大的轉變。不但階級身分很難去界定，甚

至更難去評估它對個人產生的影響，開始有人認為「階級」概念本身在學院中是一個危險的想法。同時，除了階級以外之若干新的群體與影響力也開始對於消費者產生重大的影響。例如：次文化團體、種族、生活方式、意見領袖等向度是何時以及如何開始影響消費者的品味與偏好此一問題，似已成為研究的重點。如同 N. Mckendrick et al.所說，在工業革命時期，階級仍舊是上述這些現象最主要的決定因子。但是，到了十九世紀晚期，R. Williams則認為階級已正在喪失它主宰的地位，而由生活方式及其它影響力取而代之。

關於階級的問題，尚有其他的研究主題。其中之一乃是消費的角色有助於規範且界定社會流動性（社會流動性是西方社會中一個很重要的部分），A. Macfarlane就是主張此種說法。因為：

第一，物品在整個社會流動中扮演一個很重要的守門人角色。個人往往在未擁有某些物品時，則無法確定他的地位。

第二，物品在社會流動性中也扮演一個「操作性」角色。例如：一個擁有幾世紀珍貴物品的家庭，將會取得高貴顯赫的合法性地位。

第三，可能的話，某些消費型態將可提供某些階

級成員當作社會流動的替代品。

　　第四，M. Miller認為消費性物品可作為那些期待別人生活方式的人們之一種所謂「文化的入門之物」（cultural primer），亦即物品會帶有某些意義與價值，而促使某一階級的人們足以去社會化或控制他人。

　　總之，上述理由均在表明消費與階級之間的關係。另一研究主題乃是因階級的轉型、西方世界的相對民主化之後所伴隨而來的消費民主化（democratization of consumption）。很明顯的，如果從十九、二十世紀開始發生的消費民主化對於整個社會民主化的貢獻此一角度來看，消費的確是有助於影響到階級的概念與實踐，而非階級影響消費。

　　其次討論家庭。我們知道，家庭作為一個群體執行影響個人的本質已有了重大的改變。在過去，階級身分是由家庭成員的地位來作中介，個人經由他出生或結婚的家庭來決定歸屬其階級身分，亦即基本上是由家庭用來維持每一個人的社會地位，而非個人。因此，對於商品的選擇，尤其是會影響到社會地位的商品，家庭乃成為最具影響力的消費單位。可是，到了現代，家庭作為一個主要的群體單位的現象已逐漸淡薄。此一趨勢逐漸淡薄的結果，乃造成個人逐漸地不

再隸屬於群體，而開始取得新的自主權地位，慢慢地，個人就逐漸成為愈來愈具有自主權的消費者，亦即他們在商品的購買上較少直接受到家庭及隸屬的社會地位的影響與決定。由此可知，從消費歷史的目的來看，消費型態如何從以家庭為重心轉變到以個人為重心，乃成為研究的焦點。根據N. Mckendrick等人的看法指出，這種消費型態的轉變早在十八世紀已經發生。

　　再其次討論到炫耀性、競爭性消費（conspicuous and competitive consumption）。所謂炫耀性、競爭性消費在整個消費歷史的研究中特別的重要，因為它在消費社會（consumer society）的成長上扮演了一個非常重要的角色之故。這種存在於不同社會群體之間或之內的競爭性消費的盛行結果，已促使西方世界的消費行為進展到另一新的消費型態。無疑的，這種競爭性消費的盛行是有助於促使西方社會邁入現今的物質世界。其盛行的時期大致上有二個：第一個時期是伊莉莎白時期，第二個時期是十八世紀。如果吾人能夠自十六世紀到現今這段期間中有關競爭性消費的盛行做一更詳盡的記錄與比較，則對於消費角色的重大轉變將會有重要的貢獻，但是，必須特別注意的，在做此

一詳盡的記錄與比較工作的同時，應該涵蓋所謂擴散過程理論（diffusion process）與 Simmel 的特權理論（charter theory）的討論。

　　最後討論社會地位（status）。這裡必須注意的，社會地位雖然是消費歷史產生演變的動力之一，但是，卻不可過分強調它的重要性。因為，根據 G. McCracken 的說法，消費性物品所夾帶的一大堆文化意義往往會遠超過消費者本身的社會地位，而且消費性物品也往往會被賦予遠超過社會競爭的文化目的。因此，從社會地位的觀點來討論其對消費意義轉變上的重要性時，應該採取比較保留的態度。

　　由上述西方社會中各種社會現象如階級、家庭、社會整合性、地位競爭等所呈現的關係與互動型態，不但與居民的消費意義轉變有一定的對應關係，同時這種消費型態的轉變正是說明整個西方社會的變遷。由此可見，消費實可作為一個用來說明社會現象及其變遷最有力的向度之一。茲將主張此一觀點之西方學者的論點分述如下：

一、T. Veblen

　　T. Veblen在1912年出版的*The Theory of the Leisure Class*一書中，提出所謂「炫耀性消費」（conspicuous consumption）的觀念，成為後來學者討論消費文化時經常援用的理論。根據T. Veblen的說法，所謂「休閒階級」的人有這樣的觀念：生產性的工作是沒有價值的，而且他們有金錢過著悠閒怠惰的生活。由此可知，休閒階級是以非生產性的方式來消費時間，或者是在財貨的消費上顯得過度奢侈、浪費。總之，這就是所謂的炫耀性消費（Veblen, 1912）。

　　很明顯地，炫耀性消費乃是要向他人投射、展露、表演出他在消費行為上的浮華大方、富有排場等符號與風格，同時，它還必須有所謂「劇場化」的場合或空間來加以展現。最常見的劇場化場合有嘉年華會、誇富宴、宴會、舞會，亦即參與這些場合的消費者是在替主人代理消費他的財貨，這就是T. Veblen所謂的「代理消費」（vicarious consumption）或稱為「代理休閒」（vicarious leisure），而這種代理消費或代理休閒則是休閒階級經常會在他們的日常生活中表現出來的

一種行為。因為T. Veblen注意到一些與生產關係無關的
「被支配身分群體」，例如門客、扈從、僕傭、女眷，
他（她）們的生活是不事生產的，甚至禁止從事與生
產活動有關的「有閒」生活。但是這種「有閒」是為
了成就主人的有閒生活風格，即所謂的「代理休閒」。
而他（她）們的消費也具有一定的品味，以彰顯主人
的身分地位，例如貴婦人的華服珠寶，扈從、僕傭的
制服麾飾等，即所謂的「代理消費」。在現代社會裡，
這種不牽涉生產關係，卻透過「代理」休閒與消費的
支配型態展現在許多生活層面上，例如寵物、宴會賓
客、財團支助的藝術或學術活動、私人慈善事業，乃
至社會福利救濟等均屬之。

二、M. Douglas 與 B. Isherwood

他們二位認為（Douglas & Isherwood, 1979:
Preface），許多談論消費的文獻大多均指出，人們購買
物品有三個目的：

1. 物質幸福。
2. 精神幸福。
3. 表現、誇耀。

　　前二者屬於個人的需要，第三者屬於社會的需要，例如競爭性的誇示，T. Veblen 的炫耀性消費即屬之。所謂炫耀性消費，係指為了顯示財富，以便受人尊重，必須經由一些明顯的、易為人所看出來的活動加以表達。在現代社會中，炫耀性消費是能夠有效地顯示個人的財富，成為地位和受人尊敬的主要表徵。易言之，它指的是經由個人品味之社會分化來作為判定社會地位高低的依據。

　　但是，他們二位共同主張「消費」的理念必須回到社會過程中來看才行，不應只把它看作是一種發生工作後的結果或目標而已。消費應該被認為是社會體系中一個整合性的部分，用來解釋促使人們去工作的力量，它本身也是社會必須與其他人產生相互關連的一部分，以及具有媒介性的物質把他們關連起來。這種媒介性的物質例如食物、飲料及其在家中的款待；花與衣服以分享歡樂；或以悲傷的衣服來分享傷悲。因此，物品、工作以及消費都是從整個社會體系中經人為地加以理論化而來，這就提供用來瞭解我們生活的可能性。同時，一旦我們將個人回到他的社會義務來看，且將消費回到社會過程來看，則物品會以對理性生活有正面貢獻的面貌出現，尤其在隱喻的、象徵

的理由之下。藉由隱喻的、象徵的瞭解，我們將會對
於消費者爲什麼要買東西有一更精確的理念。我們可
以這麼說，物品本身是中立的，對於它們的使用則是
社會的；因爲它們可能被用來當作一道圍牆，也可能
被用來當作一座溝通的橋樑。易言之，人們對於物品
的使用、消費，可說是社會中的一種溝通系統，藉由
它個人足以與他人建立起某種型態的社會關係。

三、D. Miller

　　由於後工業社會呈現出物質商品的範疇與數量均
有大量成長的跡象。馬克思主義者對此種成長的解釋
是：將人看作是與其生產的物體疏離的，而大量消費
正強化了資本主義這種分離片斷且個人化的特性。D.
Miller（1987: Chapter 10）在這裡發展出一種更積極的
「物質文化理論」（theory of material culture），發掘了人
與商品之間具有創造性的潛力關係。他認爲人們會以
一種積極的、正面的方式設計出一些策略來使用物質
商品，以創造文化。同時指出：日常生活中的客體不
僅反映個人的品味與特性，而且反映了道德原理與社
會理念。他又利用衣服、住宅形式、童裝及化妝品等

日常性東西發展出有關現代消費本質的理論，並認為這是用來瞭解資本主義、社會主義社會中現今狀態與未來發展潛力的關鍵性領域。茲將該理論的重要主張介紹如下：

第一，D. Miller提出所謂「不愉悅的覺察」觀念（the concept of unhappy consciousness）。該觀念指出由現今社會許多層面的矛盾現象本質所引起的主／客二分法的關係，乃由三種力量結合共同創造出今天所謂不愉悅的覺察狀態：

1.大量工業生產與商業勢力的不斷提高。

2.商業與貨幣化。其中，金錢是主要的媒介。馬克思指出，利潤的邏輯（資本的擴張）將消費者市場與他的工資勞動力分離，降低工資至最低標準以為社會再生產所需要，這種情形尤其在新國際分工中更是明顯。

3.文化現代主義（cultural modernism）。現代文學、電影、戲劇都是以現代化的商品形式出現。但是，現代主義作為一種意象，將會形成一種被人們視為理所當然，並且可以接受的觀念（此即所謂reification之意），因而會喪失這些創作品中的人性感。例

如：P. Bourdieu指出，高科技變成一種功能形象，不再
是提供使用者使用；藝術作爲一種高度品味（high
taste）；以及教育變成是一種知識。它們都將不再是人
們用來瞭解世界事物的工具，而只是一種令人困惑的
形式———種作爲維持階級主宰性的工具、手段；知
識再也不用來發展，而是用來區分、差別之用。因
此，各階層勞動力不斷地向更高薪資奮鬥，不應該只
看作是對荷包的需求，它應該還是向這些薪資所表示
的購買階級的需求，也就是對商品的不斷需求。在此
一觀念下，G. Simmel認爲客體文化、物品是作爲一種
財富與時尚的特徵，是一種壓制性社會分化的方式。J.
Baudrillard以及後現代主義的批評者更清楚地指出，東
西的互相交換，隱含著人際關係將變成格調的交換循
環。而且，消費者商品經由行銷及廣告支持的結果，
將會促進自我異化，擴大了文化之抽象及多樣的特
性，因而更加異化，更難去同化。由此可知這二位學
者的觀點是與D. Miller相近的。

　　第二，「消費是一種社會實踐」。消費作爲一種私
人、個人的意象，與在經由品味之社會分化的生產中
之地位有密切的關連，這是T. Veblen與P. Bourdieu所強
調的。大眾消費主要的結果完全是一種社會活動，它

的社會本質是要由社會中的代理人經由物品表示出的階級上看出。由於消費不但可以被用來檢測階級內部的各種現象，而且可以用來建立社會凝聚與正規秩序。因此，消費可被當作是一種社會實踐。

第三，物質主義、個人主義與消費過程有關，可說是消費過程的本質。同時，消費也是一種資本主義，乃是因為它的表現會將資本家的價值擴展至私人的領域。與此相反的看法，D. Miller又認為拜物主義未必是大眾消費的一種結果，而是一種「把物品的消費看成是理所當然的一件事的觀念」（a reification of goods）。拜物主義的使用所產生的問題在於：對「與階級關係有關」的看法界定得過於狹隘。乃因，當物品被當作是文化本身的一種元素時，我們將會發現更廣泛的衝突、策略的範疇，在這衝突、策略之中，客體都將被發生牽連。由此可以看出一點與庸俗的功能主義不同的看法：物品是一種消費者關心風格或時尚的東西，而不是資本主義的結果，也不是中產階級價值觀的表現、操作，而只不過是「物品本質作為一種文化」的主張。

第四，物質文化（material culture）經由某些群體在物質生產上的宰制，在許多不公平或「品味」（taste）

（品味作爲一種階級主義）的宰制上而建立起壓制性的
意識型態。物品被用來將那些由產業所生產的各種意
象加以轉化。同時，物品也被用來生產一些小規模的
社會團體，從異化、抽象形式的物質經再操作而成爲
以一種非異化的特殊性重新出現。所以，消費是一種
與「將文化內化到日常生活」有關的東西，因而它會
整合各種社團、娛樂、服務性設施、假期以及休閒、
家居活動。

　　綜合上述 D. Miller的消費觀點，我們可以蔡源煌先
生的一段話做一總結：

　　　D. Miller認爲，消費的意義在於它能夠將身
　　外之物個人化，使「物」與「我」之間本來
　　格格不入的關係軟化。一項商品本來不屬於
　　我們，而它的價格更加深了它和我們之間的
　　隔閡，但是當我們決定買下它的時候，我們
　　也同時爲它添加一些特殊的涵義。尤其是一
　　時的文化環境可能給予商品某些社群的意
　　義，使商品成爲個人追求文化變化的工具。
　　拿這個觀點和古典馬克思學派所說的商品之
　　異化來作個比較，可以看出D. Miller的消費

文化觀點想要說明的是如何去將異化的身外
之物人格化。（蔡源煌，1991：149）

四、P. Bourdieu

P. Bourdieu在其1984年出版的 *Distinction* 一書中，
提出「生活方式空間」的觀點（the space of lifestyle）
以進行生活方式的分析。他認為不同職業、不同社會
地位的團體在擁有資本的數量與組成上會有不同，而
平常喜歡的生活項目與空間也會有差異。例如，工廠
老闆、企業（公司）老闆擁有較多的經濟資本（eco-
nomic capital），對於商業餐飲、進口車、拍賣會、第二
個家庭、網球、滑水等活動具有較明顯的品味偏好；
而高等教育老師、藝術家、中學老師擁有較多的文化
資本（cultural capital），對於前衛派式的歡宴、外國語
言、西洋棋、過獨身生活、爬山等活動具有較明顯的
品味偏好。而在經濟資本與文化資本都偏低的半技
術、技術、非技術工人，則對於足球、馬鈴薯、平價
位的紅酒、看球賽、公開舞會有較明顯的偏好。易言
之，特定的品味、消費偏好、生活方式均與特定的職
業、階級結構有一定的對應關係。而在此一對應關係

的發展過程中，就會在不同類別的消費者心目中形成
所謂的自我意識（self-consciousness），此一自我意識乃
在每一個人的生活方式與相對應的空間選擇上扮演了
非常重要的角色（Featherstone, 1991: 88-89）。由上述
P. Bourdieu的生活方式空間論的論點，我們認爲生活方
式空間論可謂是與生活方式／消費型態／空間選擇三
者之間關係最有直接關連的理論。在台北市過去的經
驗研究中，已經發現各商業地區的消費者在社經屬性
與文化取向上是有明顯的差異性，即是例證（陳坤
宏，1990）。

　　Bourdieu理論的特色和重要性是他對「日常生活實
踐」（practice）的概念建構與強調。P. Bourdieu認爲有
一結構在統轄著人們日常生活實踐的進行。此一結構
即：習性＋資本＋活動領域＝日常生活實踐（Bourdieu,
1984: 101）。此一結構可說是P. Bourdieu思想體系的精
髓，成爲他在處理各種社會現象時一貫的分析方式和
步驟，對消費文化的分析當然也不例外。他以此一結
構對我們爲何會表現出某類型的消費品味和生活風
格，進行透澈的解析。茲詳述如下：

(一)習性（habitus）

　　P. Bourdieu企圖解剖我們生活在其中的社會空間（social space），而習性是其社會空間型態學裡的主幹。對他而言，習性是由習慣性的行為性向所構成，是行動者所具有的思維結構。雖然這些思維結構是個人內化而存之於心的東西，但也與個人所處的社會是相互輝映的，亦即習性會外顯在個人所處的社會空間上。

　　P. Bourdieu指出，同一行動者或同一階級的所有行動者之所以會有特定的消費品味，而在各個消費物品和行為上表現出特定的生活風格，乃因為他或他們具有相同的思維結構以及相同的習性。具有特定品味的人，不但知道如何選擇能夠表現其社會地位的消費物品和行為，也會知道那些物品和行為是屬於中產階級或布爾喬亞階級的。而且，具有特定品味的人在選擇這些消費物品和行為時，大多會依照風格的選擇親近性原則進行，在各個消費領域裡，不論是傢俱、汽車、服飾、運動、娛樂等，都會表現出一致性的喜好，即行動者在某些消費領域裡有某種品味，在其他領域裡也會有類似的品味。總而言之，按照P. Bourdieu的說法，「空間」的觀念在於強調文化品味的實踐與

社會地位的匹配。事實上，品味可以追溯到特定的社
會狀況，因為人的品味區分和社會區分是相呼應的。
人們選擇符合自己品味的服飾、飲食、朋友或休閒運
動，這種選擇的關鍵在於社會地位。易言之，在文化
品味、習性上，階級並不是絕對的指引。人們藉著自
己的選擇而自成一類，這種自我歸類主要是遷就於消
費的商品或服務，也就是選擇和自己所處的社會空間
很搭調的商品。更進一步地，這種選擇可以揣測出人
們背後不同的社會地位和生活方式的差異，而不完全
是階級差異，亦即這種次文化是超越階級觀念的。由
此可知，P. Bourdieu的文化品味、習性觀念是一種主觀
的東西，和K. Marx的階級理論是不同的。

(二)資本（capital）

在 P. Bourdieu看來，整個生活世界就是一個經濟世
界，我們的日常生活實踐都應該被看作是經濟的實
踐。而且，我們所追求的經濟利益不是只有金錢等的
物質利潤（material profit），還包括如名譽等的象徵利
潤（symbolic profit）。P. Bourdieu這種泛經濟化的觀點
是他發展「資本的組成成分」此一概念、主張多種類
的資本形成的基礎，也使得他有不同於以往的階級劃

分。他指出，處在同質的生存條件下的實踐者，由於
受到同質的制約而產生同質的行為性向，因而形成類
似的日常生活實踐，而這些實踐者構成一個階級，表
現出該階級的階級習性（class habitus）（Bourdieu,
1984: 101）。由於實踐者所擁有的資本的組成成分呈現
出一種狀態，即經濟資本的量增加時，文化資本的量
則減少，反之亦然。因此，在 P. Bourdieu 的觀點下，階
級的層級結構展現出一種新的面貌。例如，在優勢階
級裡，高級和中級教育的教師等是以文化資本為優勢
的次階級，而工業和商業的大雇主等則是以經濟資本
為優勢的次階級。從前者到後者，階級所擁有的文化
資本減少，而經濟資本增加。又例如在中產階級裡，
以文化資本來看，擁有文化資本最多的是以提供「象
徵性財貨和服務」（symbolic goods and service）為主的
新興小資產階級，包括導演、編輯、社會服務工作
者、廣告工作者、公關人員等，而中等者如行政小資
產階級，包括初級教育的教師、技術人員、低職的行
政人員等，擁有文化資本最少的是逐漸式微的小資產
階級，包括工匠、小店東等。由此可知，當我們看到
經濟資本的優勢次階級與文化資本的優勢次階級對所
謂正當的消費文化進行象徵鬥爭時，自是可以理解

的。文化資本的優勢次階級主張,消費應該是以最少的成本和最樸素的方式進行,以最低的金錢成本達到最大的文化利潤,P. Bourdieu稱它爲制欲的知性品味。然而,經濟資本的優勢次階級則主張,應該以最昂貴的、最奢侈的方式進行消費,P. Bourdieu稱它爲享樂主義的布爾喬亞品味。很顯然的,這兩種品味對於消費的物品和消費的方式有截然不同的選擇。因此,制欲的知性品味與享樂主義的布爾喬亞品味之間彼人認爲,在P. Bourdieu所建構出來的階級結構中,已經隱藏了在消費文化裡的權力關係和權力鬥爭此一事實。

近年來,階級已被嚴重地質疑是否成爲一個已經不適切的、失去效用的社會學分析單位。社會學的階級研究一直爲階級結構是否朝向布爾喬亞化或者是普羅化以及階級(尤其是中產階級)的界定問題此二問題所糾纏。而P. Bourdieu的階級理論,一方面引進文化資本作爲階級層級劃分的判準之一,另一方面對階級的生活風格(即階級習性)給予適切的強調,都應該足以爲逐漸教條化的社會學階級研究提供一個新的理論論述。

(三)活動領域（field）

P. Bourdieu將活動領域界定成一個網路或形構。它是由社會地位之間的客觀關係所構成的網路或形構。他主張，社會科學的真正對象是這些客觀關係，而不是人與人之間的互動。在活動領域中，人是實踐者——既非生物性的個人，也非理性的行動者，更非哲學先驗的主體，而是社會的實踐者。然而，實踐者並非由社會所操縱的機械木偶，他是能夠主動地參與至活動領域之中（Bourdieu, 1991: 6）。P. Bourdieu進一步指出，每一個活動領域都是一個鬥爭的場所，亦即在活動領域中占有優勢地位者將會一直受到來自弱勢地位者的威脅和鬥爭（Bourdieu, 1989: 40）。他們所鬥爭的是宰制的原則：即經濟資本抑或文化資本才是權力關係中的優勢資本。他認為，各種資本形式之間的對換原則一直是鬥爭的各方所搶奪的籌碼（Bourdieu, 1984: 125）。

(四)日常生活實踐（practice）

吾人認為，P. Bourdieu對日常生活實踐本身特色的描繪一直有一個明顯的焦點，那就是實踐者在日常生

活實踐中所顯露出來的才氣（competence）。從他對於習性的強調，他凸顯日常生活實踐的才氣面是可以理解的。他所注意的是為什麼有些實踐者具有其他實踐者所沒有的才氣。通常一個人所具有的才氣不是遺傳得來的，也不是先驗賦予的，它是習性、資本、活動領域等因素共同造就出來的。總之，P. Bourdieu的「才氣」概念是一個有關「權力」的概念，而不是「才藝能力」的概念。然而，P. Bourdieu並未有系統地說明他的看法。我們可以從他的主張中歸納出「才氣」的三項特性：具有解碼的能力、社會的認可，以及正當的儀態。藉此，我們能夠了解到，為什麼在P. Bourdieu的處理下，才氣並不是才藝的表現，而是權力的展現。吾人僅以解碼能力此一特性來說明消費的現象。事實上，消費是一種解碼的活動。對於那些沒有密碼的人而言，消費簡直是身陷雜亂無章的聲響、顏色、線條、形狀裡，只有感官的反應。除了所知道的密碼多寡之外，所知道的密碼類型也是一決定性的變數，上述的知性品味和布爾喬亞品味即是需要兩種不同類型的密碼。一般而言，優勢階級可以藉由壟斷這些密碼來保障他們的地位，而進行具有宰制傾向的消費行為。

五、G. Bataille

　　G. Bataille提出所謂「徹底的消費」（intense consumption）的觀念，用以與「生產性消費」的觀念作一區別。如果從廣義的角度來界定消費，則飲食、遊戲與死亡都是消費現象，但是獵者與獵物之間卻未必有生產的關係。就像貓兒玩老鼠、小孩玩泥鰍，「玩」所消費的時間與玩物的生命未必是產品或是有生產用途的。同樣地，文明遊戲中所消費的（尤其是時間）也未必能夠化約到生產環節中。文學、藝術的價值衡量與穀倉或工廠自然不同，前者在於象徵意義（significance），後者在於效用（utility）。象徵意義與使用價值最明顯的差別，表現在神聖與世俗兩個世界的對立。用G. Bataille在*Theory of Religion*一書中的語彙，則是內在秩序（the order of intimacy）與物的秩序（the order of things）的對立（Bataille, 1969）。舉例來說，死亡是徹底的否定物的秩序，「人」在此時才能重返其內在本質。古代社會的活人祭以及宗教儀式的犧牲奉獻都是循此一邏輯——摧毀人與物的世俗效用。這些都是G. Bataille所謂「徹底的消費」觀念的例證，而這種徹底

消費完全超越了政經典範「生產／消費」思考進路的解釋界限。北美印地安族「誇富宴」（potlatch）以及宗教性戰爭，也是類似宗教犧牲的徹底消費。因為誇富宴帶來競爭性的贈予或摧毀，都在否定財物（或奴隸）的有用性。節慶（festival）與嘉年華會（carnival）的象徵性消費也是如此（Bataille, 1988: 67-68）。直至今天，節慶中張燈結彩、餽贈禮物、施放煙火，都不是以「效用」衡量，而是象徵意義的。事實上，節慶不但為消費活動提供時機，更為消費賦予意義。總之，根據 G. Bataille 的說法，遊戲、宗教祭獻、節慶，可說是與 T. Veblen 的炫耀性消費以及 P. Bourdieu 的品味、審美等消費現象，同樣都屬於符號與象徵意義的領域，而不再屬於政治經濟學的領域，亦即它們足以超越政經典範的限度。

　　更進一步來看，G. Bataille 的論點也與 P. Bataille 的分析相互呼應。即：支配的基礎與其說是控制生產工具，不如說是主宰消費手段；階級鬥爭與革命的目的，與其說是支配生產工具，不如說是掌握消費手段。而 P. Bataille 認為「品味」是表現在生活風格、休閒、藝術與文化等消費活動中的審美判斷，「品味」絕不是一個單純的審美判斷，它不但彰顯了上階層的

聲望，更使得下階層在競爭中模仿，在追求個性中順從於整個審美的符號系統。因此，品味不但牽涉身分，更牽涉權力，也是一種支配的媒介。相反地，K. Marx沒有討論到品味、審美、消費手段與宰制之間的關係，因為一個無階級、無宰制的共產烏托邦並不在乎這個問題，這是他的分析不足之處。但是，吾人必須認清一點的是，隨著富裕消費社會的到來，生產的強制性逐漸減輕，而另一種消費的支配型態才是真正的影響力量（朱元鴻，1991：19）。

六、S. Zukin

　　S. Zukin提出所謂「消費的空間化過程」的觀點。他認為，談論消費文化的生成過程，事實上等於在探討資本邏輯與消費文化之間相互影響的互動過程，他將此一互動過程稱為「授粉作用」（polination）。雖然S. Zukin接受 P. Bourdieu的理論，但卻批評他過分強調品味、生活風格的重要性，而欠缺對動態變遷的掌握。因此，S. Zukin企圖從對文化資本嵌入社會——空間結構（social-spatial structure）的過程，亦即對消費的空間化過程的探討中瞭解此一動態的「授粉作用」是如

何進行的，以彌補P. Bourdieu在這方面的不足。S.
Zukin主張，文化資本的分析可以不再侷限在其象徵的
涵義上。透過經濟與文化的流通，文化資本在金錢資
本的流動上扮演一個眞實的，亦即物質性的角色，它
完全涉入眞實的投資和生產過程中，它創造眞實的經
濟價值（Zukin, 1990: 48-53）。

七、F. M. Nicosia 與 R. N. Mayer

對 F. M. Nicosia 與 R. N. Mayer 二人而言，消費社會
學（sociology of consumption）主要在於關注文化價
值、制度與規範以及消費活動三個變項的研究，以及
此三變項之間可能的各種關係，例如，從文化價值到
制度，再到消費活動；從文化價值直接到消費活動；
從消費活動回饋到制度與文化價值。易言之，消費社
會學具有如下三個研究方向：

　　1.一個富裕社會中消費活動的制度性安排——即
社會性組織是什麼？

　　2.文化價值是如何關連起消費活動的社會性組
織？

　　3.一個社會消費活動的變遷是如何關連起有關文

化價值、非消費性的制度、規範與活動方向之更廣泛的社會變遷？

　　根據他們二人的說法，過去有關掌握一個社會的消費在這些過程上之理論性及經驗性的知識，可說是相當的欠缺，因而成為消費領域中一個新的研究主題（Nicosia & Mayer, 1976: 69）。

　　綜合上述從文化以及社會學兩種研究取向對於「消費」的意義與特徵的論述，除可充分證明「消費文化理論的發展是與整個歷史社會現象、都市文明的步調彼此呼應、相互一致」此一說法，更可以說明「消費是一種文化及社會的現象，消費的實踐本身都將被賦予文化意義，並且具有與之相應的社會基礎」此一論點。我們都知道，不論任何時代，一種消費行為、型態或風格品味的成立，基本上是由當時歷史背景、整個都市發展的進程，以及消費者本身對日常生活及商品品味的渴求、廠商在商品形式與內容上的推陳出新等現象共同塑造而成，而其所代表的意義是具有深刻的文化性、社會性的意義，亦即是一種充滿生活化的意義。易言之，每一種消費現象與意義正是說明了當時居民持有的日常生活面貌，而每一個時代的消費現象與意義對於當時的文化背景與社會基礎，正好提

供了最佳的詮釋。

八、C. Lury

　　在 Raymond Williams（1985）所寫的 *Keywords* 一書中，關於消費者及消費概念在早期英國社會裡是意味著「毀壞」、「耗盡」、「浪費」以及「消耗」。但是隨著資本主義經濟制度的發展，這種較為負面的意義，在現代社會中逐漸從「使用（use）」的角度來看待消費的意義。當我們以「使用物品」來思考消費時，消費或者使用的整個過程不只包含負面的消耗之意義，也包括正面的創造之意義。例如，食物的料理。消費的概念從「物品的使用」之角度出發，是肯定消費者對所消費的物品具有積極主動的運用權，因此，消費也具有「轉換」（conversion）的成分，是「人們以符合他們自身的目的來轉換事物的態度」（Lury, 1996），也就是說，消費者轉換物品原本的意義，重新賦予物品不一樣的意義，例如，Willis（1989）在 'The motor-bike and motor-bike culture' 一文中表示，摩托車俱樂部裡的年輕人與他們的摩托車之間的關係，並非只是功能性的乘載工具而已，透過摩托車的騎乘／使

用／消費，騎士們（消費者）建構出一種與勞工階級
文化相關聯的價值觀和一種男子氣概（masculinity）的
意義。因此，C. Lury（1996）所界定的消費文化是
「物在使用中的文化」，亦即探討人們使用物品、消費
物品來產生怎樣的意義？人們賦予物品怎樣的意義？
如何產生這樣的意義？在團體層面上它又產生什麼樣
的意義以及哪種團體所產製的？

第三節　心理學的觀點

　　消費文化理論的發展是與整個歷史社會現象、都
市文明的步調彼此呼應、相互一致的。在前面二節，
筆者已從文化以及社會學觀點來剖析消費文化理論。
而第三節開始，擬從心理學、政治、市場學、消費者
觀點以及後現代主義等五個研究取向來剖析消費文化
理論。筆者認為這些不同研究取向的看法基本上是與
「消費」意義的轉變有密切的關係。
　　理由主要有二：其一，隨著二十世紀末西方國家
所謂「行銷（市場）革命」的發生、1960年代行為地
理學或多或少的影響、都市消費者行為的明顯變化—

一開始強調每週一次的大量購買以及只停留一次的購買，因而造成人們對「消費」的看法有了改變。在過去「生產——消費」典範的時代裡，企業（生產）者只要製造出商品就能出售，消費者大多處於被動，純粹基於生活需要而接受商品；企業（生產）者遵循「經濟利潤」、「市場行銷」等原則，而較未考慮消費者行為、社經階層的因素來決定商業設施的區位。相反的，到了後來「消費者行為」典範的時代，消費的指向乃由企業者逐漸轉向消費者，消費者開始基於非理性的實際行為、認知以及社經條件主動地獲取商品，而企業（生產）者也不得不遵循「消費者行為、認知」的原則來決定商業設施的區位。其二，從全球文化重結構的觀點出發，更可以看出早期的消費空間結構理論的嚴重缺失——亦即他們均未將都市商業空間結構現象的形成與變化，放在更寬廣的全球政治經濟學的框架之中來加以檢視。此一缺失在世界體系中心／邊陲國家之間宰制／依賴局面的具體事實中更加明顯。在此一同時，J. F. Sherry, Jr. (1987) 正好提出「消費的意識型態是一種文化帝國主義的形式」此一觀念與之呼應。因為中心國家消費性商品高度市場化的結果，顯然會使其本國各種創新性的商品加以霸權

化、帝國主義化。同時，在邊陲國家都市菁英份子帶
有象徵性、符號性消費趨勢助長下，我們可以看到西
方工業化國家所設計、所喜愛的產品、生活方式、價
值觀以及消費方式會不斷地擴散到第三世界國家（社
會）之中。很明顯的，這就是邊陲國家消費者消費自
中心國家進口的外來商品的具體表現，不只是經濟層
面的消費，而且也是社會及文化涵義的消費（王鴻
楷、陳坤宏，1991：59）。

　　談論消費的歷史，必須注意到關於消費方面的新
態度、新的資訊來源、新型的資訊處理以及新的決策
活動。因為這些現象均說明了消費者在心理上已經受
到舉凡有關消費行為之所有新訊息的衝擊。我們知
道，若干所謂「現在主義者」在處理消費的歷史時，
大多一致認為西歐與北美的居民都是在很迅速、很熱
切且絲毫未經努力的情形下採行了新的消費型態。關
於此一論點，很明顯是錯誤的。事實上，正確的情形
是這樣的：在一般人成為富足成熟的消費者之前，消
費行為在整個消費者心理的發展脈絡中已經發生最根
本的轉變。

　　上述說法在許多層面均有明顯的跡象，茲分述如
下：

　　1.如同 J. O'Neill 與 W. R. Leach 所說，任何一種消費行為欲在消費者心理的發展脈絡之中發生轉變，首先是必須勸服消費者有其需要（want）。還不僅說明消費者現有的消費態度有了變化，而且也表示一種完全新的消費態度即將傳授給消費者。當消費者已經覺察到一些新的事物、影響力量、行為型態時，則表示已經開始建立新的消費態度，再進一步，則對於舉凡有關特殊商品、訊息來源、購買行為和目標建立等一組態度，乃成為消費者所必須具備的條件。

　　2.廣告在形塑消費者購物動機上所扮演的重要角色。自十六世紀，資訊已有膨脹發展的現象之後，廣告即開始充斥了人們活動的各種公共空間。在十七世紀，一些新的廣告方式包括招牌、報紙、商品目錄、商業卡和雜誌。電影的出現，給予廣告商一個最有力的新廣告媒體。小說是另一種具有商業影響力的重要來源。這些廣告方式大量盛行的結果，正如同 R. Marchand、R. W. Belk 與 R. W. Pollay 所說，在二十世紀的美國，廣告似已成為一般人所賴以獲得世界知識或改變生活信念時必須具備的一種線索。

　　3.商品品牌與商品類型大量生產的結果，也會創造出許多新的消費訊息，因此，商品本身乃成為各種類

型且數量頗多的意義的一種媒介。逐漸地,商品於是就夾帶有關於自我、角色概念和一系列其他的文化訊息。

面對著上述諸多消費訊息對消費者心理可能造成的衝擊,消費者未來必須開始培養新的「認知貯藏庫」,以有效記錄不斷產生的訊息。於是,處理近的記憶圖像、記錄訊息的新技術、供決策用的資訊處理等工作均必須開始被發展出來。很明顯地,這些工作的開展都與消費者心理層面的發展是相互並行、密切配合的。只可惜,在過去談論消費歷史的文獻中,有關這方面的理論探討可說是付諸闕如,實有待爾後補充加強。

上述從消費者心理學的發展脈絡來看消費的觀點,基本上可說是在消費者的需要、動機與商品(廣告)的訊息、意象、符號、意義之間的互動關係上進行論述。如前所述,此一研究取向在理論層次的探討上較為缺乏,但卻充滿著抽象模擬、審美美學的色彩,給予研究者提供一個比較豐富的想像空間。茲以G. Simmel與J. Baudrillard的消費理論為例說明。

一、G. Simmel

　　G. Simmel 以一種心理狀態且具二元化關係的觀點來解釋流行 (fashion)。 (Simmel, 1971)。此一觀點認為，人類不僅有追求個人差異化 (differentiation) 的衝動，而且也有要求全體社會成員均等化 (equalization) 的衝動。他認為，差異化與均等化二元力量之間的矛盾對立與消長變化，正是流行會發生與結束的主要原因。另外，G. Simmel 又提出模仿 (imitation) 與區別 (demarcation) 此一相對立的心理傾向來解釋流行。他認為，人們透過模仿，可以在相似性、一致性、普遍性與常態性中得到滿足和安全感，但是，這種模仿的心理傾向會受到區別的心理傾向的制衡。亦即，人們也會去爭取他個人的差異性、獨立性、特異性與變化性。由此可知，個人差異化與社會均等化的衝動以及模仿與區別的心理傾向，均會並存於流行之中，它們之間的矛盾對立正是成為流行的特色。因為流行都是先由少數人標新立異領導流行，再由多數人相繼模仿、追隨流行。但是，當流行被社會大眾普遍接受時，該一流行就消失，而另一個新的流行出現。因

此，流行吸引人的地方就在於它的開始和結束同時發生。由此可知，G. Simmel的流行觀念與人類的心理狀態息息相關，易言之，流行之所以會不斷地以新花樣出現且經常爲社會大眾所接受，其主要原因在於它會很有魅力地刺激、消耗人們的心理狀態之故。

二、J. Baudrillard

隨著近年來社會風尙及消費活動型態的轉變，愈來愈多的消費者不只是物質的消費，而且也是象徵性符號的消費（symbolic consumption）。就像法國社會學家 J. Baudrillard把消費定義爲：「不是物品功能的使用或擁有；而是作爲不斷發出、接收而再生的符碼（symbolic code）」。又說：「物必須成爲符號，才能成爲被消費的物。」（Poster, 1988: 47-48; Baudrillard, 1983）。因此，許多都市的消費者便將消費的物品加以符號化。換句話說，消費者不再將消費性物品視爲純粹的物品，而是視爲具有象徵意義的物品。因此，在這種情形下，都市中的消費性物品作爲不斷產生符號的來源而開始成爲值得玩味的觀察對象。依照 J. Baudrillard的說法，消費不再是以物品價值的使用爲目的，它已

經變成為以如何具有差異性的符號價值為目的。這麼
一來，消費不再只是經濟的行為，而且是轉化為在種
種符碼下，以被差異化了的符號為媒介的文化行為
（黃恆正，1988：19－22）。另外，符號消費的存在與
廣告密不可分。J. Baudrillard曾經指出，現今許多消費
者不但消費物品，而且消費符號。符號之所以能夠產
生消費功能，基本上是要由廣告來推動的。易言之，
當我們消費一樣物品時，我們消費的是它經由廣告而
產生的意義，而這些意義是由符號來傳遞的，這些符
號也許跟物品本身毫無關連，但是，重要的是，它們
會刺激購買欲望。由此一定義來看，「符號」代表的
意義主要有二：

　　1.商品愈來愈帶有「文化」的意味，而逐漸不是一
種純粹的「物品」。所以，消費可視之為「符號的消費」
此一文化消費。

　　2.「符號消費」意味著現代社會已超出維持生存水
準的消費，開始加入了文化的、感性的因素，即消費
者的活動也開始具有非理性的傾向。所以，消費的符
號化現象就是以過度充裕的消費為背景而存在（陳坤
宏，1990：72－73）。

　　基於符號消費的觀點，對J. Baudrillard而言，消費

文化是一種後現代文化、一種深層文化，所有的價值都將以新價值來重新評估，而且藝術美學也會遠勝過事實。這就是說，我們人類將會生活在一種事實的美學「幻覺」之中，社會已滅亡、眞實已消失，終於導致對眞實的一種鄉愁罷了（Featherstone, 1991: 85）。由此可知，符號消費理論的成立，將會促使部分的消費者開始改變他們對於商品意義與功能的看法，所以應該於消費文化理論的建構中予以強調。

　　J. Baudrillard在他的《消費社會》一書中分析現代人們沈溺在大量物品的邏輯體系中所受到的制約。他認爲在一個完全商品化的社會裡，消費者既無法認知他們眞正的需要，也無法認知另一種生命的形式。因爲他們購買商品，並不是眞正的需要，也不知道物品的眞相；他們購買的不是商品的實質內容，而是代表某種價值、階層地位，易言之，只是一個「擬像」而已。因此，物品所自成的體系已宰制了主體，剝奪了他們作爲人的潛在本質，而人愈來愈像物品本身。他做了如下的比喻：「正如在狼群中生長會變成狼兒，我們在物品中生長也逐漸會變成物品。」

　　J. Baudrillard的消費理論中，關於需求理論的觀點與

法蘭克福學派有明顯的差異。他認爲，消費與需求的
滿足無關。同時主張以使用價值（use value）批判交換
價值（exchange value），藉以認爲K. Marx的政治經濟
學批判是一個不夠徹底的批判，因而於1981年出版*For
a Critique of the Political Economy of the Sign*一書，企圖
建構一個眞正徹底的批判理論。該理論主張如下：消
費的運作邏輯有四，即使用價值的功能邏輯、交換價
值的經濟邏輯、符號價值的差異邏輯、象徵交換的邏
輯。因爲一種物品欲成爲消費的對象，並非因它是有
精神、靈性的象徵，或是有功能的工具，或是商業的
產品，而是因爲它是符號，是一種依循著差異性邏輯
的符號，這就是所謂「符號消費理論」。更進一步地
說，J. Baudrillard主張，一個眞正的消費理論並不是奠
基在需求理論上，而是在意義化理論上。因爲基本需
求是社會所界定的，不是自然的、生物性的，亦即往
往是奢侈的標準決定了基本需求的標準，故絕非經濟
學家所說由匱乏決定人類的社會，反而是由過量、剩
餘或浪費來決定。易言之，消費者對商品符號意義的
重視程度遠高於基本功能的需求。因此，在此一分析
架構下，消費乃從商品的意義來界定，而非將商品視
爲一種物品。亦即，所謂文化的商品化（commodifica-

tion of culture）基本上是一種商品生產的邏輯，而此一
邏輯是將消費與商品形式本身對等起來，即商品形式
會產生消費的各種符號。（Dunn, 1986: 53）。

　　J. Baudrillard對於使用價值與交換價值之間關係的
看法，與K. Marx有極大的差別（劉維公，1991：50－
52）。他指出，K. Marx以使用價值爲人性的依歸，事實
上是在以非人性的物品形式（即以物品的功能爲使用
價值）來界定人性，將人類化約成一簡單的經濟人。
但是，在 J. Baudrillard的觀念下，交換價值與使用價值
均是一種符號，交換價值與使用價值的關係正如同能
指與所指之間的關係，使用價值變成是交換價值可以
擺布、控制的效應。因此，K. Marx的政治經濟批判是
一個不夠徹底的批判。因爲，對於J. Baudrillard來說，
符號所具有的意義並不是來自於它反映出外在的具體
實相，而是來自於符號與符號之間的差異。而實相
（即所指）是符號的效應，可以由符號擺布、控制，是
符號的一種意識型態，這也正是 J. Baudrillard之所以要
發展一套符號的政治經濟學批判的理由所在。進一步
地說，他深刻地認爲，後現代社會的商品生產是依照
符號價值而生產，其問題不再是眞假需求的問題，而
是無法分辨眞假的擬像化問題。亦即我們已經無法藉

由實相來評判符號的眞假,因爲符號是超眞實 (hyper-
real)之故,而超眞實的符號氾濫結果將會導致意義的
崩潰。

　　面對後現代社會的情境,J. Baudrillard 提出「象徵
交換」(symbolic exchange)的觀念或稱爲「符號永無
止境的流通」(the endless circulation of signs),針對符
號消費的社會進行批判。因爲他認爲,消費是在消費
符號,是造成符號氾濫、意義生產過剩的活動。在過
去,意義一直是匱乏的,但是,在消費社會的今天,
意義卻被大量地製造出來,而形成意義的生產過剩。
對 J. Baudrillard 而言,符號既不是實相的反映,也不指
稱任何實相,它只是一個事實上不存在的意象 (image)
而已,所以,他稱符號爲「擬像」(simulacra)。擬像是
無止盡地漂浮著,而未能固定狀態,因此,在擬像化
之下,一切都變得是可取代、可等同和互換的。其結
果是所有偉大的人文價值判準,所有道德的、審美
的、日常生活的文明價值判斷都將消逝在我們的意象
和符號系統之中,每一件事都變成是不可決定的,彼
此之間是可互換的。所以,J. Baudrillard 認爲,此時只
有「象徵交換」才能抵抗互換性的淫嫖。因爲在象徵
交換中,物品是獨一無二的。在象徵交換的關係與象

徵交換的物品是完全不能分開的，因此象徵的物品無
法被抽離於象徵交換的關係而變成一個完全自在的符
號，即象徵的物品可以具體地顯現出交換雙方之間的
關係。綜合所述，根據A. Tomlinson的說法，在 J.
Baudrillard的觀點下，所謂消費是一種在符號／意象之
建構及對其詮釋之間的互動中所產生的現象
（Tomlinson, 1990: 20-21）。詳言之，根據 P. Brantlinger引
自J. Baudrillard在1988年出版的 *Selected Writings* 一書的
說法，所謂消費可以被界定為：商品被生產作為一種
符號、一種符號價值（sign value）的階段，以及符號
（文化）被生產作為商品的階段。這正如同 J. Lacan所
說「可將無意識如同語言般地結構起來」一樣。J.
Baudrillard也說過「可將經濟如同語言般地結構起
來」。因為符號的結構基本上是商品形式的核心所在之
故，商品可以擔負意義的效果，此並非是附帶現象的
訊息或內涵，而是一種整體的媒介，一種足以控制所
有社會交換的溝通體系。在此一觀點下，意識型態、
文化、表徵都變成為一種商品溝通的「整體性媒介」。
而且，在後現代社會中所有的溝通、所有的文化均是
大眾文化的「模擬」（simulation），躲藏在如廣告牌、
電視螢幕、購物中心、狄斯耐樂園以及好萊塢等已經

過均質化、商品化的表象背後,而不再有任何隱藏性的眞實。所謂「在今天,眞實本身是超眞實的」。而狄斯耐以外的世界比起「模擬的」、「幼稚的」內在世界來得較不眞實:「狄斯耐是幻想的,它是爲了使我們相信狄斯耐以外的世界是眞實的」(Brantlinger, 1990: 174)。

如果從 J. Baudrillard對社會的定義出發來分析大眾文化(mass culture)的內涵。J. Baudrillard首先宣稱,大眾媒體特性的塑造,是因爲人們將溝通當作是一種交換,是一種語言與反應之間交互作用的空間,即是一種反應性(responsibility)。因此,他乃將「大眾」(the masses)看作是媒體的一個函數。他在*In the Shadow of the Silent Majorities*一書中,更將「大眾」界定成爲「一種社會的結束」、「一種指示性的、無法捉摸的意義、不可能的歷史、不可追溯的表徵體系的黑箱」("the end of the social", "the black box of every referential, of every uncaptured meaning, of impossible history, of untraceable systems of representation")(Brantlinger, 1990: 177)。由此可知,J. Baudrillard對於大眾文化的看法,是與他將消費當作是一種藉由商品達到溝通意義的看法相互一致的,亦即,大眾文化在

現今的消費社會中，已經被商品所夾帶的各種意義所盈滿著，而大眾也變成為雖然在意義氾濫的巨流中樂於承載各種意義，卻也因而迷失自我。就像 J. Baudrillard所謂的：「大眾很惡意地堅持理性溝通此一不得已之事，他們仍然被賦予各種意義：他們是需要一副眼鏡來觀察景象的。」（Brantlinger, 1990: 178）。

　　我們更可以從 J. Baudrillard的符號消費觀點，來分析消費社會（consumer society）的形成與特徵（李永熾，1991：27－29）。根據J. Baudrillard的《客體的系統》和R. Barthes的《時尚的體統》兩本書的說法，可將物品（客體）所存在的基本面相分成三種，即

　　1.功能的面相：形成客觀的功能的體系。

　　2.非功能的面相：形成主觀意義的體系。

　　3.超功能的面相：形成功能／主觀結構的外在世界。

　　由此可見，物品縱有一些功能價值，然而一旦喪失功能，或與使用者分離，即成為非功能性的物品；但卻可以在和主體的關係中維持其生命，形成一種主觀意義的世界，如紀念品、古董之類。而超功能的面相則超越使用／非使用的對立，其中的物品已不能用客觀的功能和主觀的意義來界定，而其存在也只有在

不確定且多樣的「功能」遊戲或「意義」的無限恣意
性中才能獲得承認。功能或意義看來雖已充足，但也
只是遊戲，而且只是消極空虛的膨脹，宛如擬像一
般。而此一空虛而意義豐富的膨脹是因存在物品周邊
而與物品的功能結構不相干的非結構因素的差異發揮
了作用，而此一非結構差異的分配方式——設計則因
時尚的操作而變易迅速，亦即超功能的物品透過時尚
的邏輯隨生隨滅。由此觀之，所謂消費社會可說是由
設計／時尚之邏輯所界定的「超功能物品」之氾濫，
而呈現出兩種現象：

　　1.物品的恣意多樣性是根據設計的操作所表演的現
象。

　　2.物品依時尚的邏輯只認識浮遊的現在，隨即消失
不見。

　　物品就透過這些操作，脫離自己所屬和所指涉的
體系，在無差別的組合場所中遊戲。客觀體系中的物
品，因為用恣意方式附加了過多的功能，反而使其功
能性的容量大為膨脹，這些功能幾乎都是遊蕩的，但
這些遊蕩空虛的容量則成為消費的對象。為了創造出
此一容量並使之具有吸引力，各種不同的功能乃互相
組合。由此便出現多功能皮包之類的商品，意圖使諸

功能重疊化、複合化。加上現代社會隨著符號意義的
形成，許多物品乃至生活層面也化爲個人意義中所消
費的符號而商品化。而符號的意指是象徵性的，這些
物品也僞裝象徵性，以滿足主觀意義的世界，近年來
可發現這種非結構差異的符號化世界在消費生活上已
逐漸滲透到社會各個層面。總之，消費在人的生活中
已占有重要的地位，文明本身也深受消費的影響，因
而消費社會自然更具遊戲性與象徵性。如同J.
Baudrillard在《消費社會的神話與結構》一書中所說：
「消費是保證符號排列與集團統合的體系與倫理，同時
也是溝通的體系，即交換結構。」又說：「體系所以
成爲體系，是因爲去除了每個人必然不同的固有內容
與存在，以差異表字符號補償工業化和商業化變成可
能的差異型態。」在這種情況下，消費已非指物品的
功能使用與所有，也不是個人或集團權威賦予的功
能，而是以溝通與交換體系不斷發出、接受、再生的
符號，也成爲人與外界關連的根源性媒介。總之，符
號已逐漸成爲消費社會的論述基礎。

　　消費社會的另一重要特徵是由欲望所主導的消費
型態。J. Baudrillard說：「財富有許多，需要的充足對
消費的定義並不充分，因爲這些只是消費定義的前提

條件。」「消費是關係（對物的關係以及對團體和世界
的關係）的能動性存在狀況，是體系性活動與涵蓋性
抵抗的世界——我們整體文化體系的基礎。」因此，
如果從對世界（人與物的總體）的關係來看欲望——
消費之間的行動關連，則世界是一傳遞訊息的潛在
體，消費是「符號的體系操作活動」。當人們向世界展
開欲望——消費的關係行為時，物或世界就變成符
號。總之，新的消費觀念是由欲望支持，以欲望為起
動力的符號學行為，而其論述最重要的對象是差異或
差異化關係的網絡。簡言之，在符號的經濟下，以意
象和修辭的虛構性展現的層面多於以實證價值成長的
層面。無論商品或廣告，其差異的符號性大多來自其
表現的意象，「符號支配」的消費社會於焉形成。這
就是 J. Baudrillard 所提出模擬原則已取代古老的現實原
則支配著人們的生活，差異的符號性已變成結構的價
值法則，比涵蓋目的性的原則更具支配性地位。

三、R. BOCOCK

　　R. Barthes 在 *Mythologies* 一書中指出法國人對葡萄
酒的飲用／消費，不僅一方面滿足了生理、心理的需

求（有效的止渴劑、使一個虛弱的人變強壯）；另一方面它也表示葡萄酒的飲用者／消費者被整合至法國社會中，他／她是屬於正常的、符合道德要求的法國人。又如食用牛排這件消費活動，它象徵著愛國情操。從上述例子可見「消費具有雙重部分——它滿足了需求，好比以食物或服裝，但它也傳遞並且被深留在社會的、文化的象徵／符號與結構」（Bocock, 1993）。

R. Bocock（1993）提到消費在 J. Baudrillard的概念中，它是一種牽涉到集體與個人認同感之符號建構的主動過程，人們的認同感並不僅扣在經濟階級或社會身分團體上，例如性別的認同，因此，消費在個人主動建構身分認同的過程中扮演重要角色。我們購買服飾、食物、身體裝飾品、傢俱或者娛樂休閒之類的項目，並非是要表達我們是誰的既定認知，反而是我們藉由自己所消費的物品，來創造我們是誰的認知（Bocock, 1993）。

第四節　政治的觀點

關於政治發展脈絡中消費觀念的探討，是非常具有價值的。它主要用來瞭解何人獲得什麼東西、在什麼時候、在那裡、從何人處獲得等。從消費的歷史角度來看，它最主要的課題在於消費者參與的比例。在十六世紀，貴族是唯一的、眞正的消費參與者。到了十八世紀，中低階層的人已經開始參與消費市場。另一個有趣的課題乃是將消費當作是一種政治工具來使用，此乃涉及所謂霸權（hegemony）的觀念。許多歷史學家發現統治階級是如何運用消費此一手段來爲其統治權力取得合法性的地位。許多西方學者均主張此一觀點，茲分述如下：

一、R. W. Fox 與 T. J. J. Lears

他們二位發現一項事實（Fox & Lears, 1983: Introduction）：爲了發掘「消費」如何變成爲一種文化理念以及二十世紀美國社會中一種霸權式的「看待世

界的方式」，是有必要看到有勢力的個人和機構如何去
覺察、形塑、鼓吹那種理念或看待世界的方式，因而
提出所謂「文化霸權」的觀念（the concept of cultural
hegemony）。近年來，社會歷史學的研究集中於一般民
眾的文化，事實上，沒有去瞭解有勢力的人的理念、
計畫與需要所影響的文化，是無法瞭解一般美國民眾
的文化。因此，有關具宰制地位的菁英份子——白
人、男性、受過教育的、富有的——乃成為社會歷史
研究中很重要的部分。

　　因此，研究消費文化的起源是應該從都市菁英份
子的活動開始（在十九世紀末二十年中）。多年來歷史
學家均同意美國在十九世紀末有三種重要的發展：

　　1.國家市場的成熟化，包括國家廣告體系的建立。

　　2.新的專業者、管理階層的出現，源自新興組織的
複雜網絡（企業公司、大學、政府、專業機構、媒
體、基金會等）。

　　3.「治療性放鬆」新信條的興起，這是由一些作
家、出版家、社會科學家、牧師、醫生及廣告家所鼓
吹。

　　從1880年代開始，這些發展都緊密地連結在一
起。其中最重要的應該是專業——管理階層與技術人

員的快速擴張，他們有意識地擔負起去「調和」勞動與資本之間的關係，這些有資格的專家不僅管理、經營經濟領域的活動，而且也去經營社會秩序。況且，對大多數的受僱人員來說，已不再渴望成爲他們自己的老闆，個人調整中的新權威是：權力（力量）不是經由工作，而是經由休息而得。對一般的美國人來說，「治療性的消費」(therapeutic consumption）乃提供了健康、世俗的滿足承諾。對有勢力的人——東北部、新教上層布爾喬亞族而言，更渴望有健康，因而它乃提供了一種正當的合法性。我們知道，這種主要的歷史角色——專業——管理階級是經常與「服務業」部門的出現關連在一起；這些服務業並非純理論上的、抽象的提供服務業給社會而已，而是一種再度在關鍵時刻恢復上層布爾喬亞族精神的「服務」。

他們二位認爲，十九世紀末產生的個人快樂主義與官僚組織之間的連結，在二十世紀被強化出來，因而奠定了現代美國消費文化的出發點。此一消費文化不僅是描述一個社會被大量生產、大量行銷的物品所充斥的社會價值體系，而且是一組用來作爲菁英份子控制社會的認可。消費文化無異是一種「休閒理論」或「美國的生活標準」。它是一種倫理、一種生活標準，

以及一種權力結構。生活對二十世紀的大部分中產階級以及許多勞工階級的美國人而言是一種對「好的生活」之永不間斷的追求，以及成為他們在缺乏勢力時永遠的提醒者。消費者不只是物品的購買者，而且也是專家忠告、市場策略、政府計畫、選舉的，以及快樂意象廣告的接收者。個人被邀請來追求商品以作為個人幸福的關鍵，甚至有的人還把他們自己看作是商品。每一個人賣得不只是勞動與技術，而且還賣出他的形象與個性。毫無疑問的，大眾消費的蔓延已減輕了老舊歷史的負擔，並將真正的物質進步帶入許多美國人的生活之中，人們均認為值得去獲得更民主、更豐足的生活方式。

　　T. J. J. Lears更看到消費主義與工作的墮落、退化之間的關係。他認為「經由消費來自我實現的要求，是用來彌補就業自主性的喪失。」因為當工作變成是一種產業勞動力的例行公事時，乃會開始墮落、退化，原因有二：

　　1.工人失去對工作律動的控制，發現新的形式是要處理動機與道德的問題。

　　2.勞動中產階級在消費中發現滿足與實現成就，而不是在工作。

同時，當大眾開始被教導以消費者的享受時，廣告是居於重要的角色，正如Lyon所說：「廣告是對抗傳統經濟的最大力量，也是對抗清教徒消費的唯一力量」。這句話意味著，使用物品可說是工作的正當性產物，它必須被看作是在「消費物品」才行。

二、R. Ulin

R. Ulin認為（Firat et al., 1987: 182-183），「消費」在歐美文化中已成為一種「看待世界的霸權方式」（hegemonic way of seeing）。消費已成為是一種社會用來控制文化、政治、個人及社會認同以及經濟的形式。此一觀點是與從社會學的觀點來分析大眾文化的特徵互相一致的。乃因大眾文化透過大眾傳播媒體，將其內容傳輸給居住在不同地區、不同職業的各階層民眾而促使其具有共同的經驗與價值觀，這有助於社會成員增進對其他成員的瞭解與共識。這一點乃成為要維持一個整合性、有秩序的社會的基本條件之一。更進一步地，我們可以從「文化霸權」的觀念來解釋資本主義社會中消費產生的作用。文化霸權是指統治階級運用各種方式，將其意識型態變成是統治階級與

被統治階級的共同信仰，並使二者的思想、需求趨於一致。在現今資本主義社會之中，統治階級藉著商品的大量製造與消費，藉以消除被壓迫者的抗爭意識，這便是一種文化霸權觀念在消費上的運用。

三、R. Bellah

R. Bellah 等人認為（Firat, et al., 1987: 182），「消費主義」（consumerism）被看作是一種社會病態，且已變成一種具有宰制性的、主要的世界觀。它是一種替代傳統文化形式的即席而做式的東西，它會將美學與道德的意義傳授到日常生活之中。簡言之，「消費」被看作是一種具有治療性作用的東西，因而成為一般人所共同期待。

四、J. F. Sherry, Jr.

J. F. Sherry, Jr.提出「文化帝國主義」（cultural imperialism）與「多元主義」（pluralism）的觀念來界定消費的性質（Firat, et al., 1987: 185-186）。他認為「消費」的意識型態是一種文化帝國主義的形式，「消

費」的意識型態也是一種多元文化。在個人主義、觀
光旅遊、產業再配置、居民大量遷移的情形下均鼓勵
了消費多元化的產生。

　　他引用R. Ulin所謂的「文化霸權」觀念，認爲霸權
是建立在「物質活動的相互期待與實踐之上，人們經
由此可以生產、再生產他們的社會生活」。而高能量、
高度市場化的消費文化顯然是將這種文化帝國主義、
霸權化加以制度化。因此，我們可以看到西方工業化
國家所設計、所喜愛的產品、生活方式、價值觀以及
生產、消費方式不斷地擴散到第三世界國家（社會）
之中。不論是「進步」、「發展」或「建立國家」均被
這種擴散作用所刺激，其結果往往不是預期美好的，
而是有傷害性的。

五、R. Benton, Jr.

　　R. Benton認爲（Firat, et al., 1987: 235-236），每一
個人都必須瞭解：消費者行爲是應該與人類經驗中其
它的領域一起來談論才行。現代「消費」是一種用來
彌補缺乏有意義之工作的形式。因此，我們消費文化
的起源以及現今的消費者行爲型態，均不能獨立於二

十世紀在工作上逐漸墮落、退化這件事來理解。可見R.
Benton的此一看法是與T. J. J. Lears不謀而合。

六、文化工業概念

此一概念是由法蘭克福學派學者M. Horkheimer和
T. Adorno所提出。意指現代電影、電視、廣播節目、
卡帶、錄影帶、書籍等文化產品，不同於傳統文化的
意義。「文化工業」（cultural industry）的產品不是由
群眾自發創造，而是由少數文化買辦大量生產和傾
銷，目的是為了交換，加強資本主義自身的再生產。
文化工業的生產，目的與其他工業相同，是為了追求
更高的利潤，而不是起源於人的真實需要、表現自發
性創造及理想。它作為「消費控制」的手段，是透過
藝術形式的感動，向大眾投射資產階級的意識形態，
主動塑造消費大眾的心理需求。文化工業的娛樂功能
再生產了勞動力，它的教化功能同時再度強化了勞動
者對此一既存秩序的認同和依賴。由此可知，消費控
制和文化工業的相互結合，乃成為發達工業社會統治
階級鞏固其文化霸權的手段之一（陳坤宏，1990：
31）。至於針對「文化工業」如何主宰現代人們的日常

生活領域以及入侵甚至埋葬了民間文化的事實提出嚴
厲批判者，主要有法蘭克福學派的學者包括T.
Adorno、M. Horkheimer、H. Lefebver，以及美國的文
化理論家F. Jameson等人。

　　簡言之，T. Adorno所描述的文化工業，指的是大多
數的文化工業產品是為大眾消費而生產的產品，其本
質基本上是帶有商品化意味的。而高度商業化所帶動
的文化，是由上而下的一種統制，把利益的動機轉移
到文化的領域，假文化之名，製造一種意識型態，造
成文化的內在變質。尤其是商業，在現代工業和技術
的支援下，呈現高度迅速的發展，給人們帶來前所未
有的物質享受，此種物質享受告訴人們現代社會是幸
福美滿的，要人們相信它，不質疑、不分析反省它。
因此，文化工業產品在工業技術推動的商業行為下，
乃成為宰制社會大眾的工具，阻止了自立獨立、自覺
的個人發展，而消費大眾在文化滲透下而不知不覺。
這正是T. Adorno針對文化工業如何宰制現代人們日常
生活領域的事實提出嚴厲批判的重點所在。

　　綜合上述的論點，本人認為文化工業概念是在高度
資本主義、大量消費的社會背景下而產生，正也說明
了這種社會背景下人們所具備的社經地位與文化取向

的形貌。此一文化工業主宰發展的結果，最直接影響到的就是人們的生活方式，亦即文化工業產品與消費者的生活方式是息息相關。詳言之，文化工業產品的盛行，基本上是反映了消費者生活方式的轉變、對於商品意義與功能的看法以及對於商品品味的認定，進而直接關連到消費者的消費型態。

　　欲從文化工業的概念來談論消費的概念，則對於消費在「大眾文化」、「商品化」下的特性分析與批評，是有其必要的。大致說來，「大眾文化」（mass or popular culture）概念的普遍使用與討論，乃始於1950年代以後的美國社會學術界。總結而言，大眾文化的產生大致上有兩個因素，其一是屬特殊的歷史條件，它不是必要，但卻有催化助長作用。另一則是屬結構內涵條件，可以說是絕對必要的。前者是文化創作品商品化；後者是大眾傳播媒體網的迅速普及發展。試分別就此二方面加以說明（葉啓政，1985）。

　　人類先是知道了把維持日常生活食、衣、住、行所必須的物質產品當成商品。後來，客觀條件更加成熟之後，表達情感與知識、具有娛樂及詮釋價值、信仰、象徵意義等的文化創作品，也以種種不同的形式（如書籍、電視、電影、戲劇、繪畫……等）被當成商

品來看待。如此把文化創作品當成商品，可說是繼物
質產品之後，人類新開發的商品形式。這是一大發
現，影響社會甚鉅。既然是商品，而商品的存在意義
是爲了牟利。因此，只要形式本質條件許可，文化創
作品必然會大量生產，而且標準化（複製是標準化中
主要的一種活動）。很明顯的，在如此商品化的趨勢
下，爲了謀求最大的利潤，如何促銷、擴大市場乃順
理成章地成爲文化創作時重要的考慮。因此，市場導
向之下的文化發展無疑是促使大衆文化產生的最重要
歷史條件因素。

　　不管是透過商品化或其他的社會形式，大衆文化要
形成，還有另一必要的條件。它是離不開「大衆傳播
媒體網普及發展」這個社會條件的。這個條件的重要
性正說明何以歐美工業先進國家的大衆文化要到1950
年代後期才眞正開始具形。雖然在二次大戰之前，先
進國家早已有報紙、書籍、雜誌，也開始有收音機等
大衆媒體形式，但是，大衆文化明顯地被學者們注意
到，還是等到有了電視及整個社會傳播網明顯制度化
和傳播企業化以後的事。從學理上來看，大衆文化要
形成，首先是要求有相當數量的大衆共有一些文化特
質或消費口味，這是大衆文化的基本內涵。要使大衆

共有文化特質或消費口味，無疑必須先有普及迅速的
傳播工具，讓這工具可以在很短的時間內把同一個文
化創作物（或訊息）作最大的傳播。假若這是必要的
條件，那麼，大眾傳播媒體網的建立和發展很自然地
是大眾文化之所以形成不可或缺的決定因素。許多有
關開發中國家之電視對社會變遷的研究就是最好的例
證。

　　從上述葉啟政教授對於大眾文化產生的背景因素的
描述，我們發現當今社會的「消費」是與大眾文化具
有非常相似的特性。也許我們可以將消費看作是大眾
文化潮流下的一種產物，或許說，「消費」這種東西
在經過大眾文化的洗禮之後變得更具獨特、詭異的性
格。一來，它在「商品化」的籠罩下，促使不少消費
者的消費行為並非基於真正的需要、自身的覺察，而
是基於感性好奇、瘋狂從眾、具有拜物迷信的傾向而
形成。二來，它在商業廣告的助長之下，已使得整個
消費文化變成是一個重視新潮、個性、形象的廣告文
化。它無異的是要把商品形象塞進每一位消費者的腦
海中。所以，如果我們說，當今的「消費文化」實等
同於「廣告文化」，一點也不為過。

　　又根據蕭新煌教授的看法，在資本主義商品化支配

力量之下，當前消費文化具有如下重要的特性（蕭新煌，1990）：

（一）藝術包裝的商品行銷

　　以「藝術」來包裝商品，引誘消費者之感性消費動機。然而，這種包裝未必真正提昇商品之品質，卻提高了價位。消費者不見得透過這種包裝後的消費行為，而豐富了生活品質，提高了藝術品味。

（二）高價位和特殊性

　　高價位即是好、特殊即是好，以「擁有」來代替「存在」的消費心理，正是今天消費文化的深層精神特性。對價位的迷信充分暴露消費大眾對品質判斷能力的膚淺和從眾心理。

（三）暫時性

　　在講究暫時性的消費時尚下，消費已不再是「真正的需要」，而是被生產促銷手段所塑造和刺激後的「虛假」需要。

　　我們知道，資本主義社會的人生哲學是主張「占

有、控制」，並強調自我的滿足。個人的存在價值乃是
藉由其外控能力與所擁有的資源來界定。「競爭」、
「羨妒」經由制度化的過程形成資本主義社會的消費意
識型態。由「羨妒」衍生而來的「品味」，由於反映社
會價值，乃成為劃分階級的另一種常見方式。事實
上，這些「競爭」、「羨妒」、「品味」的心理性與社
會性動機，均是在商品化、廣告文化下不可避免的反
映，這就成為當今消費的主要特性之一。在這裡，我
們必須提到法國社會學家 P. Bourdieu 的「大眾品味」觀
念。如前所述，他在 *Distinction: A Social Critique of the
Judgement of Taste* 一書中，以「大眾品味」觀念來理解
1960 年代以來法國資本主義社會中，中產階級文化性
格的面貌。他強調大眾品味展現的是不同社會階級之
間在消費行為上的「差異」，而且透過消費，它又創造
強化了社會階級間的分野。而且，使得大眾品味呈現
「消費差異化」，其背後即暴露當前資本主義經濟體制
的「商品化」性格（Bourdieu, 1984）。這種資本主義中
「商品化」現象的存在，對於消費意義會產生扭曲的可
能性，可說是在分析消費現象時應予注意的。另外，
與此有關的現象是，這種社會價值由社會中擁有較多
社會資源、權力或具有相當影響力的所謂菁英份子所

塑造而成。菁英份子對於消費文化的商品化及在接
受、使用與傳播上所產生的作用，均與大眾傳播媒體
具有同等重要的地位。依照 P. Bourdieu 對於「大眾品味」
的看法，我們可以說，這些在政經結構上具有主導地
位的菁英份子往往會成爲塑造消費意識型態的一群
人，他們在消費文化的重要性是可見一斑。因此，在
理解消費的過程中，菁英份子的角色是不容忽視的，
這與前面 R. W. Fox 和 T. J. J. Lears 的看法是一致的。

　　另外，從不同學者對於現代消費意識型態所提出的
各種批評，也有助於我們對現代消費特性的瞭解。如
果將消費視爲「大眾文化」、「文化工業」所衍生的結
果，那麼，對於現代消費文化的進行最有力批判的當
屬西方馬克思主義者，尤其是法蘭克福學派在論述先
進工業社會的全面控制和全面異化時，往往把「消費
控制」（controlled consumption）作爲罪魁禍首，當作他
們進行理論活動的中心問題。他們的「日常生活批判」
和「大眾文化批判」，都是以消費主義世界的操縱性、
保守性和單向性爲主要的目標。他們認爲，先進工業
社會不同於過去社會之處在它操縱人的觸鬚已延伸到
日常生活領域，尤其是大眾的消費領域。現代社會對
個人的控制是依賴於一種意識型態——把「技術理性」

和「消費至上」原則結合起來的「大眾文化」或「文化工業」。簡言之，該學派的批判主要在於：「異化的消費過程逐漸浸透到人們的靈魂中，對人的批判思維和自我意識產生致命的影響。」而且認為「社會大眾覺察不到資本主義的非人性化，因為文化工業施放了符咒，操縱社會大眾的意識，使他們對正在進行的全面異化全然不知」。文化工業概念提出者稱此符咒為「需求的操縱」（manipulation of needs），它會讓社會大眾滿足於文化工業不斷製造出來虛假的、人工的消費需求。這一派的主要批判學者包括T. Adorno、M. Horkheimer、H. Marcuse、H. Lefebvre等人。尤其H. Lefebvre指出，這種統治階級所採用的消費控制是直接指向人們的日常生活（everyday life），而非侷限於生產領域，而人們現今所生活的社會是所謂「消費控制的科層社會」。因此，在資本主義下的統治階級藉由「需求——消費——滿足」的過程進行日常生活的全面控制，最後，社會大眾在消費駕馭的日常生活下，根本不再去反省、批判現有的資本主義體制。根據美國社會學家 H. J. Gans的說法，美國學者如L. Lowenthal、Dwight MacDonald、H. Rosenberg等人則從下列四方面提出批判：

　　1.大眾文化淪爲商業之不當。

　　2.大眾文化對精緻文化的危害。

　　3.對大眾文化受眾的負面影響。

　　4.對社會的不良影響（韓玉蘭、黃絹絹，1985：19—55）。

　　相反地，H. J. Gans可說是對大眾文化辯護最具體的代表，他以爲大眾文化有其獨立的審美觀與價值觀；他並且指出每一支文化都有自己的創作者、批評者與欣賞者，每一支文化也有自己的機構，以滿足人們對於美的需求，這是他所謂的「多元審美觀」（aesthetic pluralism）。這種多元審美觀的出現，不但是多元社會下的產物，也是自由主義長久以來所承襲的理念。而大眾文化的出現，使得中下階層與上階層平起平坐，共同享有一套文化意義與符號象徵（韓玉蘭、黃絹絹，1985：71—73）。

　　國內的批評者主要有黃道琳（1986）、李祖琛（1986）、杭之（1986），均從「台灣地區的大眾文化除了帶有強烈的消費特質外，更以移植成分居多，缺乏本土色彩」的角度針對大眾文化提出批判。葉啓政（1985）則從「商品化下大眾文化之庸俗化、感官化的

社會性格」加以批判。蕭新煌（1990）則從「生產者與消費者之間的關係已形成宰制／被宰制的不平衡型態」批評現今台灣消費文化中的核心問題。陳光興（1987）引用 J. Baudrillard所提出的「模擬」觀念來觀照後現代主義社會中群眾是如何受到大眾傳播媒體的宰制。

七、E. Preteceille 與 J. P. Terrail

他們二位認為（Preteceille & Terrail, 1985: Chapter 3），「消費」可以被界定為「人們對自然加以利用的真實過程，經由此，可以轉化並破壞人們用來再生產他本身的客體。易言之，每一個消費過程是一種生產過程，是一種用來再生產人們本身具體工作的過程。在此強調的是工作、勞動，故在消費的分析中應該強調。」根據此一界定，消費是一種具有優勢的、主要的生產關係的直接效果。消費需求的增加以及新的消費形式的出現，基本上是反映了對於勞動力厭倦的增加。所以說，同樣勞動力的再生產，是需要有高層次的消費以及較高的實質收入來支持才行。同時，我們應該看到，消費的過程在社會關係的考慮下所產生的

作用。此一社會關係一方面是客體（物體）的所有權與消費手段、方法之間的關係，另一方面是這些客體與手段之間眞實利用的關係。

　　詳言之，E. Preteceille 與 J. P. Terrail 基於「消費是勞動力的再生產」此一認識提出如此消費的觀念。基本上，他們認爲需求的產生必須放在生產過程的脈絡裡來看，亦即是生產的社會關係決定消費者的消費需求。由此可知，勞動力再生產論者是從生產方式與生產關係根本矛盾的角度來處理需求理論。進一步地說，他們說明了資本主義生產方式中勞動力價值與剩餘價值之間的矛盾。理由在於，資本主義的發展會使得勞力價值不斷地上漲，而勞動階級藉由勞力價值的上漲，以確保他們能夠爲資本所購買而不被淘汰，例如，他們會去購買時髦且便利的家電設備，以減輕家務負擔而增加工作時間。這是由生產方式所產生出來的需求，亦是勞動力價值的一部分，終於造成因勞動力價值的上漲使得生產成本增加和剩餘價值減少，完全與資本主義剝削剩餘價值的原則相互抵觸，也說明了資本與勞動力之間的矛盾。易言之，資本家一直想獲得最便宜的勞動力，而勞動階級本身也是商品的購買者，爲了不斷地製造他們的勞動力以符合資本主義

生產方式的要求，則會反過來提高他們自己的消費能力，以確保有能力去購買有利於他們的勞動力再生產的商品，於是資本家與勞動階級之間的階級鬥爭也就發生。

經由勞動力再生產的觀點對消費觀念的詮釋可知，此一論點的消費理論基本上是從生產與消費二者之間的關係性加以建立，進而對於資本主義生產方式的矛盾提出批判，亦即，此一論點乃看到消費理論在現有資本主義體制下資本家與勞動階級之間的政治關係中實際的發展結果並且尋求概念上的解釋。

第五節　市場（行銷）學的觀點

對於市場的出現與操縱結果而刺激消費的運作，是用來瞭解消費歷史發展上一個很重要的主題。就如同 D. F. Dixon 所指出，中世紀「宏觀市場」思想的出現以及十六世紀市場理論與國家發展觀念之間的結合。R. A. Fullerton 認為西元1500年以後所發生的市場革命，因資本主義的成長而呈現更加複雜的發展，到了十八世紀，市場就開始以現代化的型態與內容出現。N.

McKendrick等人亦曾針對英國的企業家、Wedgwood、Boulton等人的努力，作過詳盡的觀察與分析。由此可知，我們必須開始對社會力量是如何成為消費革命的必要條件作一評估。事實上，十八世紀的企業家在商品展示櫥窗、店面設計、商品分配以及利用商業卡片、招牌、報紙等各種形式的廣告上均締造了創新性的成果。很可能的，這些成果都是因為新的流行腳步的變遷所致。毫無疑問的，這個時期正好是流行體系（fashion system）的起步，而流行體系大量增加的結果乃是消費革命所必須的。到了十九世紀，最主要的市場革新當屬百貨公司，它的出現在根本上已改變了居民的購買行為。R. Williams注意到，百貨公司如何對發生於本世紀的世界博覽會的舉行產生激勵作用。他也注意到，百貨公司鼓勵居民去期待一種新的消費型態，因為在百貨公司裡，每一個人都可以很自由、悠閒地花費時間，而未必要有購買行為。但是，此種購買行為的新自由是要付出代價的，例如所有的商品都是不二價，消費者再也不能討價還價。很明顯地，此一重要的市場革新的意義在於：每一個人都可以成為市場中的自主性主體。因此，此一轉變不但說明了現今消費一個極為重要的發展階段，它更說明了消費已

不再侷限於因家庭生活所需的次要活動，相反地已成為一種大規模之集體的與個人的首要任務。

另外，R. Williams 也細心地檢證市場美學的變化。他舉出一種新的「不規則——異國風味」的形式已經出現爲例說明。他認爲此一新的形式部分是因爲影片的美學所助長而成，而且將以一種融合民族的、地理的與神話的引喻而成的幻想混合體，使得消費性商品遠離傳統的關係與日常生活。最明顯的是電影，它被當作是一種新的、嘗試性的溝通媒介，且幾乎已經被用來爲商業提供服務。而電影影片的作用往往會給予當今的消費性商品一種「夢幻般」的品質，由此引發了許多議題：廠商將消費者想像成何種人？廠商基於何種條件來分析消費者的決策過程？消費者如何覺察到產生購物行爲的手段？這些都是欲瞭解市場（行銷）如何在消費革命中形成且對消費革命產生何種貢獻時，所必須去思考的問題。

最後談到市場與消費之間的關係，R. P. Bagozzi 將市場界定爲一種交換過程的一部分。雖然 M. Mauss 認爲西方社會人士剛開始進行交換，是爲了使經濟效用取大化，而非完成某種社會目標的說法有些誇張，而且 R. W. Belk 與 J. F. Sherry 也證明許許多多的非市場性

交換在今天仍然繼續不斷地發生。但是，很明顯地，
所謂「社會交換」與「實質有益的市場交換」之間的
比重，從中古世紀到今天已經有了戲劇性地變化。個
人所擁有的財貨愈來愈多是來自市場，而較少來自社
會交換，此一轉變是一有趣且值得注意的現象。

第六節　消費者的觀點

談論消費的歷史，有關消費者本身的各種變化是
不可忽視的一環。尤其是在消費革命時代，購買行為
不論在時間和空間上均發生重大的改變，即是明證。
在過去，一項活動侷限在一天裡發生的模式，到了十
八世紀，此一限制就不存在。亦即，購物在時間上已
擴張到一週的每一天均得以進行的活動，且在空間上
亦大為擴張，如今已打破只限於市場或大街的限制，
而遍布城市的每一個角落。早在古羅馬時期，曾經設
計有關禁止奢侈的法令來控制一般人民的消費，因
此，這些禁止奢侈的法令乃使得每一個人所能夠消費
的財貨如服飾、食物和房屋大為減少。在英國，這種
法令並不是在十六世紀之後才設立，但卻已逐漸地橫

跨了現代的西方世界，而慢慢地變成是屬於保護而非限制消費者的法令獲得通過。到了十九世紀，一些屬於消費者組織型態的新機構逐漸出現且在本世紀蓬勃發展，此一現象說明了一種新的消費者與市場之間的關係以及在購物環境中市場行為的變化。

　　我們不但看到消費在「何時」和「何地」的變化，也應該看到是「什麼」在發生變化。N. McKendrick等人就曾經注意到，流行（fashion）促使因貴族遺產以及曾經風光一時的財貨告一段落。在十八世紀，由於流行尚未普及，一些富有人家都想要購買曾經有過優良傳承的財貨，且往往是唯一的一項財貨，而視為至寶。可是，到了今天，由於流行的普及，造成一般的消費者開始都有機會購買到那些流行於世界各地的財貨。同時，如前所述，近年來，消費型態已開始隨著個人的品味和偏好而改變，而較少受到階級和家庭的決定。而且，那些發生在一切受到管制的百貨公司裡的購買活動，可說是被許多新式且複雜的影響力所環繞著，因而造成消費者購買的動機也發生改變。亦即許多消費者購買商品是屬於那些有助於定位新的時空範疇、能夠實現有關「個人」、「身體」和「自我」等層面之新的文化概念的商品。簡言之，

現今的購買行為是基於各種不同的理由，在各種不同
的情境下，根據新的影響力來進行的，而且這些購買
行為是在追求一些新的目標。換句話說，這正是現今
所謂消費的意義所在。

　　至於國內對於「消費」一詞的界定，似乎比較接
近此一研究取向的消費觀點。國內對於「消費」一詞
始終未給予一個嚴格的定義。惟政府統計報告將「消
費支出」予以類型化並求其各項消費支出型態之分配
比例。我們政府將消費支出界定為「係指購買生活有
關之物品與勞務支出而言」，且將消費支出分為食品、
飲料、菸草、衣著及服飾用品、房租及水費、燃料及
燈光、家具及家庭設備、家事管理、保健與衛生、運
輸交通與通訊、娛樂消遣及教育文化，以及雜項等十
二項。從不同項目消費支出比例的消長，作為描述國
人消費取向及內容之轉變的依據。學術界大都依循政
府此一消費支出類型化的結果而進行量的統計與經驗
研究，而較少（幾乎沒有）對於消費的本質、特性提
出深刻的反省、批判或質的理論分析。又根據筆者回
顧國內有關消費行為的學術論文與研究報告的結果，
可以發現除了商學、企管、市場行銷等領域曾經對於
「消費者行為」做過比較正式的界定外，其他領域則未

曾給予任何定義。一般而言，上述這些領域所採取的研究觀點大多將「消費者行為」定義為「個人直接參與獲取和使用經濟性財貨與勞務的行為，包括引發及決定這些行為之決策程序。」

第七節　消費文化理論與後現代主義

　　欲討論消費文化本質的變化，必須基於當今社會正邁向後現代化此一認識上才行。這種將社會本身當作是一種後現代化的具體存在，正也說明了消費已成為日常生活的一項決定性因素。因此，從這個觀點來看，大眾傳播媒體、廣告和市場都會促使人們不斷地去追尋新流行、新風格、新感覺與新經驗。最後，導致生活本身將被界定成為一種藝術作品，而物質商品被當作一種溝通者來加以消費，而不是簡單的效用問題。簡言之，物質商品已成為一種品味與生活方式的象徵符號。由此可知，後現代社會與消費文化兩者存在有互相辯證的關係，一方面從後現代社會來剖析理解消費文化的本質，另一方面，消費文化已成為一種用來觀照後現代社會現象非常有用的角度。總之，消

費文化的重要性是顯而易見的。

　　但是，後現代社會究竟呈現出什麼樣的面貌？消費文化的根源是什麼？這二者之間的關係又是如何？這些問題都是Milk Featherstone的《消費文化與後現代理論》（1991）這本書所要回答的重點。此書的第二章，主要是討論有關消費文化理論的三個觀點。其目的除了可以釐清消費文化形成的根源及其可能隱含的意義外，更可以作為探索後現代社會、後現代生活方式、後現代文化等現象的有力工具。

　　本節主要在於說明三種談論消費文化的觀點。第一種觀點是將消費文化放在資本主義商品生產的擴張之前提下，促使物質文化以消費性商品以及提供購買基地的形式進行大規模的積累。此一結果導致當今西方社會休閒與消費活動有了顯著的成長，縱使某些學者認為此一現象正可導向較大的平等主義與個人自由，但是卻有某些學者認為此一現象正會使得人們從其他「較好的」社會關係中獲得意識型態的操縱與「有魅力的」抑制上的能力逐漸增加。第二種觀點是屬於更嚴格的社會學觀點。主張人們的滿意程度是導源於商品，而且與它們在零和遊戲中由社會建構而成的各種機會有密切關連，同時，這種滿意程度和社會地

位的高低乃取決於差異性在膨脹豐盈狀態中的表現與維持。因此，此一觀點著重的焦點在於人們以各種不同的方式來使用商品，以創造自己與他人之間的社會連結或社會差異。第三種觀點是關於消費的感情愉悅、夢幻與渴望的問題。這個問題都將變成為消費文化的幻想以及特定的消費基地，進而產生由身體感官直接得到刺激與美學的愉悅感。

　　本節主要在於討論近年來逐漸重要的消費文化的問題，而不僅是將消費認為是毫無疑旨地從生產導引而來的東西。當今西方社會象徵性商品的過度供給以及文化失序與去分類（cultural disorder and declassification）（視為一種後現代主義）的發展趨勢，不但帶來一些文化上的問題，而且也給予文化、經濟與社會之間關係的概念化一個更寬廣的涵義。此一結果也會提高對渴望、愉悅、感情的和美學的滿意感等問題加以概念化的興趣，而這些問題大多源自消費者的經驗，而不只是基於某些心理操控層面的邏輯而已。所以，社會學應該去追求、超越一些由大眾文化理論遺傳而來之消費者愉悅感所產生的負面評價。同時，吾人必須努力地以一種更無偏見的社會學態度去解釋目前已經呈現出來的趨勢，而不應該只限定於一般反民粹主

義所說大眾愉悅感與文化失序等問題。茲將此三種消費文化理論詳述於後（參閱陳坤宏，1992a）。

一、消費的生產

如果從古典經濟學的觀點來看，所有生產的目標都是消費，而隨著個人希望經由永無止境地擴張商品範圍的購買而得到最大的滿意程度之結果，且從二十世紀新馬克思主義者的觀點來看，這種發展的現象被認為是為所謂控制的、操縱的消費（controlled and manipulated consumption）創造更大的機會。資本主義式生產的擴張，尤其在本世紀初接受科學管理與「福特主義」之後，更成為符合新市場的開創以及經由廣告和其他大眾傳播媒體將一般大眾「教育」成為消費者此兩件事情所必需的條件（Ewen, 1976）。此一研究取向可以追溯至Lukacs（1971）在馬克思——韋伯的綜合與他自己提出的所謂將抽象觀念具體化的理論（theory of reification）上，隨後又發展出諸如Horkheimer 與Adorno（1972）、Marcuse（1964）與Lefebvre（1971）等人的作品。茲以 Horkheimer與Adorno為例，他們二人認為同樣的商品邏輯與工具理性表現在生產領域中

最有名的應該是消費領域。休閒時間的追求、一般性藝術與文化都將經過文化工業的過濾；而且，一般大眾的接受均由所謂交換價值來宰制，而較高層次目的的文化價值也會屈從於生產過程與市場的邏輯。因此，過去傳統的形式如家庭與私生活，就會變得像快樂、個人成就感「渴望一個完全不同於他人的東西」一樣，都成為高級文化努力的最佳產物，最後產生出一種原子化的、受操控的大眾，進而參與至一種替代性的大量生產的商品文化（an ersatz massproduced commodity culture），而成為如同最低公分母似的普遍現象。

從這個觀點來看，它將可被認為是因為商品的積累而導致交換價值的興盛，而且所有的生活層面都將可以工具理性來加以計算，所有最基本的差異、文化傳統與特質也都將轉化成數量化的東西。然而，這種資本邏輯的效用性將足以解釋這些傳統文化與高級文化的累進計算以及剩餘財產的毀滅現象，亦即資本主義式現代化的邏輯是會使得「所有的固體物融化成氣體的」——這就是「新」文化、資本主義式現代性文化的問題。究竟是否可以將這種交換價值的文化與工具理性的計算方式指涉為一種「非文化」（non-culture）

或「後文化」(postculture)（註1）？此一問題是法蘭克福學派的研究工作中主要的趨勢之一，當然，另外還有別的。例如，Adorno曾經提到，一旦交換價值的主宰力量已經可以將最原始的商品使用價值加以抹煞之際，此時商品將會很自由地占據一個次要的或代替性的使用價值的地位（Rose, 1978: 25）。商品也可以很自由地占據一個較寬廣的文化性聯想與幻想，尤其是廣告更能夠利用此一特性，它可以將浪漫、異國風味、渴望、美麗、實現、自治性、科學進步、美好的生活與世俗的消費性商品，如肥皂、洗衣機、摩托車、酒等之類的東西連結起來。

　　同樣強調商品這種無情的邏輯觀點，也發生在Jean Baudrillard的作品中。他首先引用Lukacs（1971）與Lefebvre（1971）的商品化理論（commodification theory），以期得到與Adorno同樣的結論。唯Baudrillard的理論（1970）增加了引用記號學來討論消費是伴隨著積極的符號操控此一問題，此將成為後期資本主義社會的核心，即符號與商品將會共同生產出所謂「商品——符號」（commodity-sign）。舉例來說，符徵的自律性經過大眾傳播媒體與廣告在符號意義上的操縱，乃意謂著這些符號是可以很自由地在物體之間浮動，

而且可以被應用到多重的聯想性關係上。由此可知，
Baudrillard所提出商品邏輯的記號學發展，不但限定了
一些馬克思理論過於理想化的偏差，而且將可以從物
質主義者強調的論點轉移到強調文化的觀點
（Preteceille & Terrail, 1985）。最明顯的是在Baudrillard
晚期的作品中，可以看出強調的重點從生產到再生產
以及符號、意象與模擬經由大眾傳播媒體的再複製，
其結果將會消除意象與真實之間的差異
（Baudrillard, 1983a, 1983b）。因此，所謂消費社會
（consumer society）將變為以文化為本質的社會，社會
生活是無規劃的，而社會關係變得更加多樣化，較少
由穩定的規範所結構起來。這種符號的過度生產
（overproduction of signs）以及意象與模擬的再生產
（reproduction of images and simulations），將導致過去一
向有穩定的意義喪失以及真實世界的美學化（aestheti-
cization of reality），此時社會大眾將被永無止境的奇怪
事物之流所迷惑著，而且會以超越穩定感覺的眼光來
看待它們的存在。

　　Jameson（1984a, 1984b）把上述的文化稱為後現
代、「沒有深度」的文化（postmodern "depthless cul-
ture"）。事實上，Jameson的後現代文化的概念是受到

Baudrillard研究工作強烈的影響（參閱Jameson, 1979）。
他也看到後現代文化作為一種消費社會以及第二次世
界大戰後晚期資本主義的文化。在這種社會中，文化
被賦予一種由符號與訊息所滲透進來的新意義，而且
「社會生活中的每一件事情都被說成是文化性的」
（Jameson, 1984a: 87）。同時，這種「符號與意象的溶解」
（liquefaction of signs and images），也會被用來消除高級
文化與大眾文化之間的差異（Jameson, 1984b: 112）：
拉斯維加通俗音樂文化乃沿著「嚴肅的」高級文化邊
緣前進。基於此一觀點，吾人必須注意到一個假設：
即資本主義社會中消費的內在邏輯是會導致後現代主
義的。稍後吾人將回到討論意象、渴望與消費文化的
美學層面此一問題。

　　大家都知道，消費的生產此一研究取向在真實的
實踐與消費的經驗上是有其困難的。法蘭克福學派傾
向於將文化工業當作是用來創造足以威脅個體性與創
造力之同質性的大眾文化的論點（註2），已經被批評
為菁英主義以及根本無法檢證其真實的消費過程，事
實上，一個真實的消費過程是必須能夠顯示出複雜
的、具差異性的觀眾反映以及商品的使用狀態才行
（Swingewood, 1977; Bennett et al., 1977; Gellner, 1979; B.

S. Turner, 1988; Stauth & Turner, 1988）。

二、消費方式

　　如果說那些導源於生產的「資本邏輯」（capital logic）之運作的主張是可行的話，那麼對於「消費邏輯」（consumption logic）指出因商品被用來劃分社會關係而形成一種在社會上結構而成的主張也將是可行的。當談到商品的消費時，則會很快地隱藏了那些被消費、被購買的商品範圍，尤其是當更多方面的自由時間（包括日常例行性的維護工作與休閒）被那些商品的購買所仲裁、調解著的時候。同時它也隱藏了消費性耐久財商品與消費性非耐久財商品之間的差異，以及在某段時間內一個人把收入花費在此二類商品上的比例（Hirshman, 1982: 第二章；Leiss, Kline & Jhally, 1986: 206）。我們也必須注意到某些物品在商品狀態中進出的方式以及當物品從生產轉移到消費時被商品所享用之各種不同的生命長度。例如，食物與飲料通常只有短暫的生命，縱使這並非是經常發生的案例；又例如，一瓶葡萄酒可以享有一份聲望（prestige）以及排他性（exclusivity），乃意謂著它從來沒有被眞正地消費

過（開瓶並飲用），縱使它可以被人們以各種足以產生高度滿足感的方式進行象徵性的消費（譬如盯著它看、為它幻想、談論它、拍照以及掌握它）。基於此一看法，吾人可以指涉出當今西方社會中雙重的物品象徵性層面的涵義：即象徵主義不僅在生產與行銷過程的設計與幻想上是明顯的，同時，物品的象徵性聯想也可以被加以利用並用作為妥協生活方式差異（用以劃分社會關係）的功能（Leiss, 1978: 19）。

　　在某些情況下，人們所購買的物體，一旦經過較高的交換價值（葡萄酒的價格是經常被提到的），均可以獲得一定的聲望，尤其是在一個貴族階級與老的富有階級被迫讓出權力給新的富有階級的社會中更是明顯（例如維布倫的「炫耀性消費」）。與此相反的情形是，以前的商品則被剝奪了它的商品地位。因此，禮品與經遺傳來的物體將變成去商品化（decommodi-fied），而且在象徵化個人的關係以及引起人們所喜愛的東西之記憶上的能力也變得真正地「毫無價值」（Rochberg-Halton, 1986: 176）。因此，藝術品或被生產作為儀式用的物體，將會在被賦予特定的象徵意義之後就變成不具交換價值，或不被允許長期保留在商品地位上。同時，它們在專業上神聖的地位以及世俗的

市場和商品交換的否定，都將會似是而非地提高它們
的價值。而它們缺乏可利用性與「毫無價值性」也都
會提高其價格與期望性。例如，Willis（1978）描述騎
單車小孩如何使得Buddy Holly與Elvis Presley的1978年
原版唱片變成具有神聖的地位，而拒絕使用再生產作
用較好之編輯相簿式千篇一律的唱片這個故事，正好
說明了許多物品去商品化的過程。

　　因此，當商品有能力去分析社會障礙並且澄清人
們與事物之間長久建立起來的關連性之際，則將會有
一種反趨勢——即去商品化，用以限制、控制並且溝
通商品的交換。在某些社會中，一套穩定的地位體系
是可以藉由限制交換的可能性或提供新的商品而得到
保護與再生產的。但是，在其它社會中，則是屬於商
品一再變化的提供，因而給予商品完整變化性的幻
覺，而且毫無限制地進入商品世界。在這裡，吾人認
為合法性的品味（taste）、分類、階層、利用等原則的
知識都會受到限制，如同在流行體系中的情形一樣。
到了後來，有所謂禁止奢侈的法令出現，它扮演了規
定消費的一種工具，用以規定哪些群體能夠消費哪些
物品、穿著哪些類型的服飾，這正是處於一種過去穩
定的地位體系的時代，但是，到了近代，它卻遭受到

商品在數量與利用程度上大量興起的嚴重威脅——即尚未進入現代化之歐洲的晚期時代（Appadurai, 1986: 25）。

　　在當今的西方社會中流行的趨勢是屬於上述的第二種情形：即商品一直變化地流動著，而使得由商品的使用來判讀出社會地位與階層此一問題更加複雜。因此，在這種背景之下，所謂品味、有區別的判斷、知識或文化資本都將變得重要，因為它們都能夠促使特殊的群體或某些類別的人們很適當地去瞭解並分類新的商品以及如何去使用這些商品。談到這裡，我們將把討論焦點轉到P. Bourdieu（1984）以及Douglas 與 Isherwood（1980）的作品上，他們三人的研究焦點都在於檢證商品被人們用來界定社會差異以及作為溝通者的方式此一問題上。

　　在這一方面，Douglas與Isherwood的作品尤其重要，因為他們兩人非常強調商品作為社會關係的方式此一論點。他們認為，人們對於商品的享用，只有部分是與實質（物理）的消費有關連，而最重要的是要將消費者視為劃分社會地位的角色來看待，例如，我們享有與他人分享各類商品的名稱的機會（例如運動迷或名酒鑑賞家）。除此之外，文化專家仍需要具備一

種似乎是「自然」專家的專長——不只在資訊（自學者般「有記憶裝置的人」）的提供上，而且要知道如何適當地並且在每一種狀況下都很自在輕鬆地使用、消費東西。在此一觀點下，高級文化商品（藝術、小說、歌劇、哲學）則必須與其他比較世俗的文化商品（服飾、食物、飲料、休閒）之被掌握與被消費的方式關連起來，而高級文化也必須當作日常文化消費般地被記入在同樣的社會空間之中。在Isherwood與Douglas的討論中（1980: 176ff），消費階級是基於下列三組商品的消費來加以界定：

　　1.**產品組**（a staple set），相當於初級的生產部門（例如食物）。

　　2.**技術組**（a technology set），相當於次級的生產部門（例如旅遊及消費者資金準備）。

　　3.**資訊組**（an information set），相當於三級的生產部門（例如資訊財貨、教育、藝術、文化與休閒活動的追求）。

　　在社會結構中位處最低位階的窮人被限制在產品組，而且花費更多的時間在工作上。但是，位處最高消費階級的一群人，不但賺取了更高的薪水，而且具備了判斷資訊財貨與服務的能力，以提供從消費回饋

到就業工作上所必須，而成為就業資格的肯定。這種
情形伴隨而來的是一種長時期對於文化與象徵資本的
投資以及及時的用以維持消費活動。Douglas 與
Isherwood（1980: 18）也提醒我們，根據民族學研究的
證據可知，位處最高層級的資訊組階級的人在獲取財
貨上的競爭結果，將會產生高度的自白障礙（想進入
他們這個次團體的關卡）以及比較有效的排他技巧。

　　對於投資在獲得那些足以掌握資訊、財貨與服務
上的能力所需花費的時間階段、期間與強度，就如同
這些能力在每一天的實踐、保存與維護一樣，都是像
Halbwachs提醒我們的，是一種非常有用的社會階級的
評準。我們在消費活動的實踐上所使用的時間是與我
們的階級習性（class habitus）一致的，因而它能夠傳
達一個更精確的階級地位理念（參見Halbwachs在
Preteceille與 Terrail於1985年出版的書中的討論）。這一
點也指出對於比較細緻的時間預算研究的必須性（例
如Gershuny與Jones, 1987年）。然而，類似時間預算的
研究卻很少整合或被整合至一個理論性的架構——足
以發現在各項生活層面的投資型態，這是可以使不同
階級的人群在時間運用上的分化情形變得可能。例
如，反對或感覺到（即知道如何去享受與／或使用交

談所需的資訊）Godard影片、Tate Gallery中的一大片建築物、Pynchon或Derrida所寫的書籍，均可反映出不同人長時期投資在獲取資訊與文化資本上的差異。

然而，類似前述的研究已經由P. Bourdieu及其同僚很細緻地加以實現（Bourdieu et al., 1965; Bourdieu & Passeron, 1990; Bourdieu, 1984）。對於P. Bourdieu而言，「品味可以分類出不同的群體，也可以分類出做分類工作的人」。消費與生活方式的偏好會牽涉到區別性的判斷，同時也會確認並表現出與他人不同的個人特殊的品味判斷。每一個人特殊的品味、消費偏好與生活方式的實踐，都是與特定的職業、階級背景有密切的關連，因此，經由在歷史上某一特定的時期、某一特定的社會中運作的結構性對照與細緻的區別結果，將可以畫出一張完整的品味與生活方式的輪廓。在資本主義社會中，足以影響作為明顯區隔用的商品使用之一項重要因素是新商品的生產率，此乃意謂著是為了獲得「地位性商品」（positional goods）的競爭（Hirsch, 1976），因為這類商品是可以在較高層級的社會中界定出社會地位之故。新型、流行性商品不斷的提供，或是現有明顯區隔的商品被較低階層團體霸占的結果，將會產生一種撒紙賽跑遊戲的效應（paperchase

effect），而使得必須投資在新型（資訊方面的）商品
上，以期重新建立原始的社會距離。

在此一發展背景之下，知識（knowledge）變得是
重要的：新商品的知識、它們的社會與文化價值，以
及如何適當地使用它們。尤其是一些有抱負的團體就
會採取一種學習消費與生活方式之培養的模式，這些
團體包括新的中產階級、新的勞工階級以及新的富有
或上層階級。而且消費性文化如雜誌、報紙、書籍、
電視與收音機的節目都會強調自我成就、自我發展、
個人轉型，並且會教導人們如何處理財產，人們與財
產之間的關係以及人們的企圖心，甚至如何去建構一
個正實現中的生活方式。在這裡，一個人就可以發現
所謂自學者的自我意識（self-consciousness），他們關注
於那些經由消費活動來傳達適當且合法的信息。這就
是伯杜所稱「新興文化媒介者」（the new cultural inter-
mediaries），分布在大眾傳播媒體、設計、流行、廣告
以及「防護」（para）知識性資訊等職業上，他們的工
作伴隨著執行一些服務與生產、行銷以及象徵性商品
的傳播等功能。在象徵性商品的供應逐漸增加的既定
條件下（Touraine, 1985），文化專業者與媒介者的需求
大為擴充，而這些人是有能力去遍尋各式各樣的傳統

與文化，以生產新的象徵性商品並且提供對其使用之
必要性的解釋。他們的習性、氣質與生活方式偏好，
基本上是與藝術家、知識份子相同的，然而，在屬於
藝術家與知識份子喜愛的商品領域一旦不再有壟斷性
的情況下，他們則會對於維持這些聲望與文化資本有
明顯的反對性利益出現，但卻同時會更普遍且更加容
易地接近廣大的群眾。

　　很明顯的，由於象徵性商品與消費性商品的過度
供應與迅速的流通所產生的膨脹此一問題，將會存有
威脅到商品作為社會地位象徵判讀性的危險。在一個
有界限的國家——社會作為市場與文化全球化過程一
部分之發展背景的浸蝕之下，若要去穩定出一些適當
地可作為區隔用的商品，則將顯得更加困難。此一情
形勢必威脅到文化的差異邏輯，即存在文化性與消費
性商品及生活方式中的品味將會對立地結構起來的現
象（參見P. Bourdieu，1984：129-9之圖）。假設一個人
接受結構主義的前提——即文化本身是受限於差異化
的對立邏輯的話，那麼，這種失序對於商品領域或體
系的威脅勢必會存在。因此，吾人如果去檢查並建立
那些足以使得群體去使用象徵性商品以建立差異的結
構性對立，必然是會在一個相對地較穩定、封閉與整

合的社會中運作得最理想，因為在此一背景下，經由
不適當的符碼來判讀商品所洩漏的量與潛在的失序將
會受到限制。更深一層的問題是，是否存在有相對穩
定的分類原則與性質——即習性（habitus），而可以得
到社會上的認可，並且可以經由運作而建立群體之間
的界限。這種文化失序的例子——即無法抵抗的符號
與意象的洪流，布希亞認為它們是要把人們推到整個
社會之外，而通常是由電視、搖滾音樂及MTV（音樂
電視）等媒體而來，而且被當成是混成曲、電子符碼
混合體、奇怪的組合與沒有鏈條的符徵例子，它們都
是用來抗拒意義與判讀性的東西。

　　在另一方面，如果一個人把自己「降低」到一種
具體化的人之日常生活的實踐，而且此種具體化的人
是被納入到與其他人之間的互賴與權力平衡的網絡之
中的話，我們就會認為，那種藉由判讀其他人的舉止
以蒐尋有關其他人的權力潛能、地位與社會位置的線
索與資訊的需要性將會持續存在。許許多多流行服飾
與商品的不同款式與標識，縱使受到變化、模仿與抄
襲的限制，它們仍然都是可以用來區分不同類人的線
索。就像P. Bourdieu（1984）提醒我們的，所謂象徵資
本觀念（concept of symbolic capital）、氣質的符號（the

signs of the dispositions）以及分類的體系（classificatory schemes），都是會經由生活而出賣一個人原始的面貌與應有的生活軌道，這種現象將會表現在身體的形狀、尺寸大小、體重、姿勢、走路、舉止、聲音、說話的風格，與一個人接觸時舒適或不舒服的感覺等方面上。因此，文化是整合性的，亦即，並不只是穿什麼樣衣服的問題，而是衣服是如何被穿起來的問題。有關態度、品味與禮儀方面的忠告性書籍，從 Erasmus 一直到 Nancy Mitford 的 "U" 與 Non "U"，在在強調其主題在於把氣質與態度加以自然化是必要的，而完全把它們放在家中成為第二本性，則很清楚地，它將會限定了去辨認出冒牌者的能力。在這種觀念下，新來者、自學者都會不可避免地會暴露出他／她在文化才能上的成就負擔與不圓滿的符號。因此，新興富有階級乃採取炫耀性消費的策略，而被認定、被分派到社會空間中特定的位置上。但他們的文化實踐（cultural practices）往往都處於會被那些早已建立起地位的上層階級、貴族以及擁有富有文化資本者視為庸俗的、毫無品味的東西，而被加以駁回的危險之中。

　　有鑑於此，我們必須考慮到那些足以威脅生產文化性與消費性商品的過度供應，以及關連起更一般化

的文化分類過程的各種壓力（DiMaggio, 1987）。我們
也必須考慮到這些壓力將會使得一個人的習性、品味
與分類選擇產生變形，亦即會有許多不同的認定方
式、習性的形塑與變形不斷地出現，而使得品味的意
義與生活方式的選擇變得更加模糊——即使未必整個
社會結構會如此，至少在某些部門，例如年輕人以及
中產階級會是如此的。此外，我們也必須再考慮經常
談論到的所謂文化動亂與失序（cultural ferment and dis-
order）——往往被稱之為後現代主義的問題，它們並
不是整個現象失去控制、一種真正失序的結果，而只
是指出一種深留在人們心中的整合性原則。因此，所
謂「失序的法則」（rules of disorder）乃可提供作為允
許一些更容易受到控制的振幅——在秩序與失序之
間，地位的覺察性與幻想、渴望的遊戲之間，感情的
控制與失控之間，工具性的運算與快樂主義之間——
這些現象在以前均會威脅到那些足以支持一種彼此一
致的認同結構以及否定違規事情之命令的存在。

三、對夢幻、意象與愉悅感的消費

　　如同Raymond Willams（1976: 68）所指出，「消費」（consumption）此一術語最早的使用是意謂著「破壞、用盡、浪費、耗盡」。在此一觀點下，消費作為浪費、過剩與花費，乃表現出一種存在資本主義強調生產與國家社會主義必須受到控制二者之間互相矛盾的狀態。如果將經濟價值觀念與匱乏性結合起來看待，一些在生產過程中促使積累所必須的戒律與犧牲此一信約，最後將會克服匱乏，而被當作是用來符合消費者的需求與愉悅感的話，此時，經濟價值則已經具有一種強烈的文化意象與刺激的力量，不管是在資本主義或社會主義社會中都是一樣。同時，在中產階級以及傳統的經濟學專家的心目中，我們會有一些訓練有素地努力工作之觀念的堅持，以及盛行於十九世紀「自助式」個人主義（self-help individualism）與二十世紀晚期柴契爾主義（Thatcherism）所謂的「內在世界的禁欲行為」（inner worldly ascetic conduct）。在這裡，消費成為一種用來輔助工作，並且保有許多可以從生產取代而來的東西。它以一種有秩序、受人尊敬且保有

古老的姿態呈現出來：古老的或傳統的小布爾喬亞階級的價值，很不自在地坐在新興小布爾喬亞階級將休閒當作是一種有創造性的遊戲、「自我陶醉式」的感情探索與其間關係之建立等觀念的旁側例如，D. Bell 在1976年對於現代消費社會的矛盾現象的討論亦是如此：在白天是一個清教徒，到了晚上則是一個花花公子）。這種新中產階級、文化專業者與媒介者（此尚包括從1960年代留存下來的所謂反文化人士以及那些具有文化想像力之各種元素的人們），都表現出他們是一群足以干擾到古老小布爾喬亞價值觀以及柴契爾主義文化使命的團體，這是因為他們有能力去拓展並質疑有關消費方面非常流行的觀念，並且有能力去傳播那種把消費作為替選性愉悅與渴望，把消費當作是過剩、浪費與失序的意象之故（註3）。這種情形是會發生在一個以消費、休閒與服務為大量生產目標的社會，以及象徵性商品、意象與訊息的生產逐漸顯著的社會之中。因此，在這種情形下，就更難去束縛正擴大中的文化專業者與媒介者在生產方面的努力，對於那些只具有狹隘訊息的傳統小布爾喬亞階級在價值與文化秩序生產上所造成的影響。

　　從這個觀點來看，我們應該注意到把文化的觀念

當作是浪費、放蕩與過剩之意義在堅持、取代與轉型
上的問題。根據 Bataille（1988）；Millot（1988）所提
出一般化經濟（general economy）的觀念，經濟生產不
應該與匱乏性，而應該與過剩（excess）結合起來看待
才屬正確。此時，生產的目標變成是破壞，而主要的
問題變成與可惡、討厭、不幸的東西（la part mau-
dite）、被詛咒的分享（the accursed share）、能量過剩而
轉化成商品的過剩、一種達及能趨疲與缺乏道德
（anomie）之極限的成長過程有密切的關連。為了能夠
有效地控制成長並管理一些剩餘的現象，唯一的解決
方式是利用遊戲、宗教、藝術、戰爭、死亡等形式來
加以破壞或浪費掉這些過剩，這是可以藉由禮物
（gifts）、誇富宴（potlatch）、消費競賽（consumption
tournaments）、嘉年華會（carnivals）與炫耀性消費
（conspicuous consumption）等方式來加以實現的。根據
Bataille的看法，資本主義社會企圖將這種可惡、不幸
的東西傳播出來而成為完全的經濟成長，並且永無止
境地去生產這些經濟成長。然而，這種現象在某些層
面上是會有遺漏的，而且基於上述的討論，資本主義
也會生產出〔用後現代主義者的詞彙來說，即是「過
度生產」（overproduce）〕一些消費的意象與基地，而這

些消費的意象與基地，基本上是承認因過剩所帶來的愉悅感。但是，這些意象與基地卻會將藝術與日常生活之間的界限變得模糊不清。因此，我們必須檢測以下四個問題：

1.工業化以前的嘉年華會傳統中的消費文化元素的堅持。

2.嘉年華會轉型與被取代為媒體意象、設計、廣告、搖滾錄影帶、電影。

3.在某些消費基地中之嘉年華會元素的堅持與轉型：渡假勝地、運動場、主題公園、百貨公司與購物中心。

4.被國家與企業公司取代並整合至炫耀性消費之中，不是以「聲望」的形式來看待廣大群眾，就是基於有特權之上層人士的管理與官僚作風。

與這些看法相反地，大部分十九世紀晚期的理論受到文化的理論化、商品化與現代化等觀念的鼓舞，而表現出一種鄉愁式的文化悲觀論調（kulturpessimis-mus），而且在一些有罪過、抗議、嘉年華式與刺激閾域之過剩現象的流行文化中來強調此一傳統，顯然是重要的（Easton et al., 1988）。嘉年華會、博覽會與節慶等流行性的傳統均提供了象徵性的逆轉與罪過現象

（symbolic inversions and transgressions），包括官方所謂「文明的」文化、討人喜歡的刺激、無法控制的感情以及較直接、較庸俗的怪異風味，吃了會發胖的食物、令人陶醉的飲料以及性關係雜亂（Bakhtin, 1968; Stallybrass & White, 1986）。這些都是屬於刺激閾域的空間，在其中，日常世界是上下、正反顛倒的，一些禁忌與幻想的東西是有可能存在的，而且一些不可能實現的夢想都會被呈現出來。根據Victor（1969; 亦參閱Martin, 1981: 第三章）的說法，所謂刺激閾域（liminal），係指有一定界限範圍內的變遷或門檻階段之中，強調所謂反結構與社群（antistructure and communitas）、未經調解之社區感的產生、感情上的連結與入神的統一性（ecstatic oneness）。很明顯的，這些被有秩序之失序現象（ordered disorder）所包圍起來的刺激性要素，是無法完全被國家或正出現的消費文化工業以及發生於十八、十九世紀英國的「文明化過程」加以整合的。

　　舉博覽會（fairs）為例：長久以來，博覽會都扮演了一種地方性市集與享樂基地的雙重角色。它們不僅是商品交換的基地，也伴隨了以一種節慶歡樂的氣氛展示來自世界各地各種具有異國風味與千奇百怪的商

品（參閱 Stally-brass 與White, 1986）。就像城市一樣的
經驗，博覽會提供了驚人的幻想空間、怪異的排列、
各種界限的混淆不清，並且熱衷於一種包含各種奇奇
怪怪的聲音、情緒、意象、人們、動物與事物在內的
混戰狀態之中。對這些人而言，尤其是中產階級，正
發展出一種把身體上與感情上的控制當作是文明化過
程之一部分的想法（Elias, 1978b, 1982），而文化失序的
基地，如博覽會、城市、貧民窟、海邊渡假勝地，都
將變成是迷惑、渴望與鄉愁的來源（Mercer, 1983;
Shields, 1990）。以另一種形式來說，這將變成藝術、文
學與流行性娛樂的核心主題，像音樂廳之類的東西
（Bailey, 1986a）。也有人討論到這些設施機構將會主宰
整個都市的市場、百貨公司（Chaney, 1983; R. H.
Williams, 1982），再加上一些新的全國性與國際性博覽
會（Bennett, 1988），由於它們都發展於十九世紀的後
半葉以及二十世紀的其它時期的基地如主題公園
（Urry, 1988），因而均會提供出所謂有秩序之失序的基
地，以鼓舞嘉年華會傳統因異國風味與豐富的景觀所
帶來之展示、幻想與模擬的各種元素。

　　對於 Walter Benjamin（1982b）來說，新的百貨公
司與長廊商場（出現於巴黎與十九世紀中葉以來的其

他大城市之中），可說是一種非常有效的「夢幻世界」。它們所展示商品具有千變萬化的景象，其不斷的更新樣式已成為資本家與現代主義者推陳出新的動力，也成為夢幻意象的來源，而這些夢幻意象將會鼓舞一些聯想（associations）與半記憶的幻覺（half-forgotten illusions）——Benjamin把它們稱之為寓意、象徵（allegories）。在這裡，Benjamin使用寓意、象徵此一術語，並非指那種具有雙重符碼訊息的統一或凝聚，例如傳統的寓言諸如Pilgrim's Progress之類，而是指一種穩定結構起來之秩序的意義被溶暗、被解散的方式，而且這種寓意、象徵僅僅指出那些不斷變化著的片斷，而這是會妨害任何所謂統一凝聚的觀念（參閱Wolin, 1982; Spencer, 1985）。在這種美學化的商品世界中（aestheticized commodity world），百貨公司、長廊商場、電車、火車、街道、建築物以及展示的商品，就像漫步在這些空間的人們一樣，都會鼓舞起半記憶的夢幻。因此，漫步者的好奇心與記憶已經被這些一直在變化著的景觀所餵飽，而在這些景觀中，物體是與它們存在的涵構相互分離的，而且受限於只能從事物的表面讀到東西的那種神奇性的聯想，也就是說，整個大城市的日常生活開始美學化。新的工業化

過程提供藝術轉移到工業的機會，擴張了各種職業如
廣告、行銷、工業設計與商品展示，進而產生了新的
美學化的都市景觀（Buck-Morss, 1983）。而在二十世紀
出現的大眾傳播媒體隨著攝影意象大量興盛的結果，
更強化了Benjamin所說的此一發展趨勢。事實上，這種
未經公認的Benjamin理論的影響，將可以由某些後現代
主義的理論化過程來加以檢測，例如 Baudrillard（
1983a）與Jameson（1984a; 1984b）。在這裡，我們強調
的是後現代「沒有深度」的消費文化的即刻性、強
度、感覺的過度負荷、失去方位知覺、符號與意象的
混戰或溶解、符碼的混合、失去連結或漂浮的符徵，
此時，藝術與真實以一種「真實的美學幻覺」（aestheti-
cized commodity world）方式而互換位置。很清楚的，
這些特質並不能說是後現代主義獨特的元素，而應該
說是有一個比較長遠的系譜，即在現代與後現代，甚
至先現代之間的連續。

　　在班傑明的作品中有一股強烈的民粹主義要素
（populist strand），這通常是與Max Horkheimer及
Theador W. Adorno等人所謂的菁英主義（elitism）相對
立的。W. Benjamin強調在大眾中生產出來消費性商品
之烏托邦的或正面的要素，而這些消費性商品是可以

從藝術中解放出創造力，並且允許這種創造力移進由
大眾所生產出來日常物體的多樣性之中（在這裡，超
現實主義對於W. Benjamin理論架構的影響是很明顯
的）。因此，大眾文化的美學潛力以及在大城市中遊蕩
之人們的美學知覺，均將被那些強調後現代主義不正
當與遊戲的潛力之評論家所擁護（Hebdige, 1988;
Chambers, 1986, 1987）。在這裡，W. Benjamin與
Baudrillard的認知是會被接受的，並且用來指出文化在
現今西方城市中予以強化的角色，它們不僅是日常消
費的中心，而且也是一種被文化工業（藝術、娛樂、
旅遊、繼承的財產）所生產出來之廣泛的象徵性商品
與經驗。在這些「後現代城市」（postmodern cities）中
（Harvey, 1988），人們被吸引去參與一場複雜的符號遊
戲，這是會與在建成環境與都市結構中符號的大量增
殖互起共鳴的。當今都市中的懶散人或遊蕩者，喜歡
去玩一些由虛構的小說與奇怪的價值結合而來的幻想
性混合物之人工化、任意性與表面化的東西，而這些
幻想性混合物是在城市的流行與通俗文化之中可以發
現的（Chambers, 1987; Calefato, 1988）。有人認為，這
種現象正呈現出一種超越個人主義的運動——強調情
感與神入以及一種新的「美學典範」（aesthetic para-

digm），在其中，群眾乃在不安定的「後現代部落」中
暫時地聚集在一起（Maffesoli, 1988a）。

　　然而，在這一類的作品中仍可看到一股強烈的趨
勢，用以強調知覺的過度負荷、美學的洗禮、去中心
化主體的夢幻般知覺。在這裡，人們可以把自己開放
到更廣泛感知的感情經驗，很重要的一點是，這並不
表示一切控制的衰落。因為它仍需要一些訓練與控
制，以能夠在展示的商品中漫遊，仔細瞧瞧而非短暫
地看，在不打斷此一流動之情形下行走，注視著可加
以控制的熱情與厭煩的情景，在不被人瞧見之下來觀
察其他人，在沒有感情威脅之下忍受身體親密的接
觸。同時，它也需要有能力去控制在激烈的參與和有
一段距離之隔的美學分離感之間的擺動。簡言之，在
都市空間中行走，或者去經驗主題公園與遺留下來的
博物館內的景象時，都需要一種「可控制之感情上去
控制」才行（controlled de-control of the emotions）
（Wouters, 1986）。總之，幻想可以鼓舞人們一些愉悅、
興奮、嘉年華式歡樂與失序，然而當要去經驗它們
時，則需要自我控制才行，而對那些缺乏控制的人來
說，則只能潛伏在被安全警衛與搖控照相機監視下的
偏僻處了。

　　上述這些趨勢基本上是傾向於所謂日常生活的美學化（the aestheticization of everyday life），而且和高級文化與大眾文化之間的區別有關連。所謂雙元的運動，係指一方面，部分存在於藝術與日常生活之間界限的瓦解，另一方面，一些受到特別保護的藝術已變成為商品的情形逐漸浸蝕在人們的日常生活之中。首先，藝術作品轉移至工業設計、廣告，及一些相關的象徵性與意象性的生產工業之內。其次，在藝術作品內在的前衛式動態性中，例如1920年代的達達主義與超現實主義（Bürger, 1984）以及1960年代的後現代主義，均顯示出任何日常生活的物體都能夠被加以美學化。1960年代的通俗藝術與後現代主義均將焦點放在：將日常生活的商品當作一種藝術（例如Warhol's Campbell's肉汁罐頭）、消費文化背後諷刺性的遊戲，以及一種演奏與身體藝術方面之反博物館（anti-museum）與藝術學院（academy）的立足點。藝術市場的擴張、藝術工作者及輔助性行業的增加，加上許多大型企業公司與國家把藝術當作一種公共關係的表現形式（尤其在都會中心），終於導致藝術家角色發生重大的轉變（參閱Zukin, 1982a）。

　　但有人認為，在那些拒絕通俗文化與中產階級生

活方式的藝術家心目中，談論前衛派藝術將不再有任
何用處（Crane, 1987）。當藝術家的生活方式對於那些
在城市地區專注於紳士化的人們以及逐漸重視文化在
生活方式營造中之角色的一般中產階級來說，仍然具
有相當吸引力、浪漫的野心之際（Zukin, 1988b），許多
的藝術家已經放棄專心致力於高級文化與前衛派藝
術，而開始採取一種面對消費文化的開放態度，並且
願意和其他的文化媒介者、意象製造者、觀眾與一般
民眾打交道。因此，隨著藝術在消費文化中之角色的
擴張以及藝術因其名氣結構與生活方式（prestige struc-
ture and lifestyle）的變形，造成若干藝術類型（genres）
的模糊，並且使得象徵性層級結構（symbolic hierar-
chies）遭到破壞。同時，伴隨來的即發生品味的變化
性與多元化以及文化的去分類——此將逐漸損壞高級
文化與大眾文化之間區別的基礎。在這樣的背景之
下，吾人並不是要去懷疑廣告的有效性（廣告能夠說
服人們去購買新產品或去教導消費者的此一說法是有
問題的）（Schudson, 1986），而是對品味這一類東西在
美學血統上的一種讚美。因此，設計與廣告不僅與藝
術混淆，而且被當作一種藝術而加以讚美與博物館
化。如同Stephen Bayley（1979: 10）所稱：「工業設計

是二十世紀的藝術」一樣（引述自Forty, 1986: 7）。

　　浪漫、奔放不羈的生活方式以及被藝術家表現爲叛逆、典型的英雄主義之偉大的吸引力，已成爲一個重大的主題，尤其是在戰後英國的流行音樂與搖滾音樂上。Frith 與 Horne（1987）認爲這種將藝術注入通俗文化中的現象，也有助於解構高級文化與通俗文化之間的區別。此外，它也可以被看作是更進一步去強化前面提到的所謂「可控制之感情上的去控制」過程，而隨著爵士音樂、憂傷音樂、搖滾音樂與黑人音樂都被當作是用來直接表現感情的方式，讓大多數年輕聽眾感到更加快樂、有參與感及得到確實肯定，但也被大多數的老年、成年人聽眾視爲是具有危險威脅性、無法控制的「罪惡的逸樂」，因爲這些老年、成年人已經習慣於更具控制性與正式性的公共行爲模式與感情的抑制（Stratton, 1989）。然而，另有一種看法是，不管藝術家生活方式的普遍性以及各種不同的新喜好修飾者將藝術作品轉化爲生活，此一企圖意謂著整合的程度與目的的一致性，它們都是會逐漸荒廢的，縱使上述那種生活方式中有某些令人注目的象徵性本質。而對於去建構一個前後一貫的風格的興趣，較不如去玩弄它、去擴大非正式之風格的範圍。

　　「風格」（style）此一術語意謂著各元素之間的一貫性與層級次序以及某些內在的形式與表現法。(Schapiro, 1961)。此一說法經常被二十世紀的評論家所爭論著，因為人類的年齡本身缺乏一種明顯的風格。例如，Simmel（1978）指出所謂「無風格」（no style）的年齡，Malraux（1967）指出我們的文化是一座「沒有牆壁的博物館」（參閱Roberts, 1988），這些都讓我們感到後現代主義所強調的混成曲、模仿作品「向後、倒退」、象徵性層級結構的崩潰以及文化的錄音再生等現象的存在。

　　同樣的論點是有關「生活方式」（lifestyle）此一術語，目前在消費文化裡的趨勢即是，生活方式不再需要內在的一致性。因此，一些新的文化媒介者———一個在新中產階級中正擴大的小派別，則有意去嘗試藝術家與文化專家之生活方式的打算，而不去尋找促成一種單一的生活方式，相反地，他們是要去迎合並擴大風格的範圍以及對觀眾與消費者有用的生活方式。

四、小結

　　Stuart Ewen在1988年出版的*All Consuming Images*

一書中，討論一則為 Nieman-Marcus 所做的廣告，它是一家非常時髦的美國百貨公司，它似乎將各種不相容的東西結合在一起。它把兩張同一位女人的照片並列。第一張照片呈現出一位高階層的女人穿著巴黎新流行的服飾此一意象；在此一意象底下的正文則強調一種「有關人們的氣質」的態度，「在正確的時刻穿著正確的衣服」、「非常地合身」、「一種風格」、「穿這套衣服來使別人高興」、「評價」、「在林蔭大道上漫步」。第二張照片是一位籠罩著身體的閃族女人，穿上一套巴勒斯坦的披肩與在沙漠地區穿的有帶子的長袖衣服。從這張畫像的風格看來，其正文強調「沒有狹隘限制」的自由，「當心情受到衝擊時服裝結構的改變」、「覺得舒服」、「一種心情」、「穿來使自己高興」、「一種進化」、「喜歡街道生活」。在現今的文化中，女人與男人都不被要求做出選擇，而是將這兩種選擇加以整合。若要將他（她）們的服裝與消費性商品當作是一種溝通者、一種「階級地位的象徵」（Goffman, 1951），則需要有穿著者／使用者適當的行為與態度，以期進一步達到對社會世界劃分出不同類別的人的目的。在此一觀點之下，在消費文化中仍堅持所謂聲望、名氣的經濟學（prestige economies），對

於稀少的商品，則需要投資大量的時間、金錢與知識，才能夠適當地獲得與掌握它們。諸如此類的商品會被人們來加以閱讀並作為分類它們的使用者地位。同時，消費文化會使用意象、符號與象徵性商品，都足以振奮出若干夢想、期望與幻想，進而達到浪漫式的真實性與感情的實現，以自我陶醉地取悅自己，而非別人。現今的消費文化似乎要去擴大涵構與地位的範圍（range of contexts and situations），而類似的行為被認為是適當的，可以被接受的。因此，它並不是一個在這兩種選擇方案之間的選擇問題，相反地，它是包含了這兩種選擇。今天的消費文化所表現出來的，既不是控制的喪失，也不是更嚴格控制的設立，而是被一個具有彈性之最基礎的創生性結構（a flexible underlying generative structure）所支撐起來的東西，它不但可以駕馭正式的控制與去控制，而且可以作為它們二者之間一座簡單的可供變遷用道具。

第八節　結語

　　綜合上述不同領域的各方學者對於「消費」的意

義與特徵的論述，筆者暫時將「消費」界定在下列兩
個重要的向度：

第一，「消費」應該是社會體系中一個完整的部
分，在此一社會體系中，個人透過物品的使用、消
費，而與其他人相互關連起來。易言之，我們要看的
是人們與消費物品之間的對應關係，此一關係涉及個
人品味與消費物品特性兩個問題。我們堅信，人們從
現有的文化內容中所做的選擇，背後都有一套美學標
準或稱為品味差異。個人選擇某一品味消費文化會受
到許多因素的影響，特別是年齡、社經階層、居住
地、宗教信仰、家庭背景，以及基於人格特質所表現
出對某一特殊消費文化類型的需要（稱為文化取向，
例如需求感知、需求優先順序均屬之）。一般而言，除
年齡以外，不同品味消費文化與不同群體之間的主要
差異來源仍然在於社經階層（社會學家最常用的測度
指標有收入、職業及教育程度三者）和文化取向。相
反地，消費物品的特性與變化會反過來主宰或引導人
們對於消費文化的喜好與選擇，尤其在商品變化非常
快速的現代消費社會中更是明顯。因此，在個人品味
與消費物品特性二者之間相互變動結果所組成的各種
消費型態中，我們應該可以看到，不同社經階層、不

同品味的人們如何透過消費物品的中介作用後呈現出可供經驗辨識與理論分析的面貌。

第二，「消費」應該是一種足以將文化內化到人們日常生活之中的東西，易言之，消費與日常生活經驗之間是息息相關。在表面上，透過消費行為與型態，可以清楚掌握個人的生活方式；在內層裡，透過消費活動對於不同群體的人們在其日常生活上的功用、角色與意義之間的差異，可以隱約看出不同群體人們內在的價值與心理的需求感。最終目的在於檢證消費展現人們日常生活、文化層次問題的程度，而這些重要的關連乃直接反映在消費空間之性質與意義的形塑結果之上。

同時，綜合上述的討論，吾人必須體認到，欲理解近世紀以來，西方社會為什麼會有如此巨大的轉變以及此一巨大轉變所產生的結果為何，則必須將消費的變遷看作是與生產的變遷一樣地重要，亦即此一巨大的轉變顯示出消費革命如同工業革命，在歷史上都占有舉足輕重的地位。因此，當消費革命來臨之際，在今天的消費研究領域中，從事有關消費的各種研究是要有專門技巧，而且是要特別有用處才行。因為消費研究的領域足以為此一重要的歷史性計畫提供一個

深刻且敏銳的觀點，這是其它社會科學所未有的。除此之外，尚有其它理由，例如，消費研究可以為當今的消費者行為與消費政策提供有用的觀點。畢竟消費者行為的構成因素之間是具有高度動態性的，它們都會形塑、轉變消費者行為。另外，對於消費歷史的研究，正好提供吾人去釐清舉凡有關現代消費研究有用的理論性概念的形成與修正的機會。因為每一個概念都值得在它所存在的歷史涵構中加以討論、檢證。由此可知，有關消費（歷史）的研究在當今的社會及人文科學領域中是具有相當重要的地位。最後，基於都市規劃的觀點，在都市空間與其文化社會現象之間的關係此一新的研究方向上，消費文化理論實不失為一項相當重要的觀照角度。易言之，從都市消費文化的觀點來剖析都市空間結構現象及其所呈現的意義，此即所謂「空間結構的文化分析」之一具代表性的研究領域，實在值得都市空間規劃專業的關切與重視。

註　釋

1 此一研究取向在德國的社會學中已有一段悠久的歷史，它顯示出一種對理性的 Gesellschaft 與 Gemeinschaft 之鄉愁的厭惡（參閱Liebersohn, 1988; B. S. Turner, 1987; Stauth & Turner, 1988）。它也在從批判理論到Habermas的作品中（1984; 1987）出現。Habermas在系統與生活世界之間作一區別，認為技術——經濟——行政管理系統的商品化與工具理性等不可避免發生之事，將會威脅到那些在生活世界中未有強制性之溝通的行動，因而促使文化領域變得虛弱。

2 並非所有的法蘭克福學派學者都依循此一立場。例如，Lowenthal（1961）強調十八世紀中的大眾市場化的書籍所具有的民主潛力。Swingewood（1977）已將此一論點發展成為一種對大眾文化理論的強烈批判。

3 我們要注意的是，這幾本書的標題諸如：*Objects of Desire*（Forty, 1986），*Channels of Desire*（Ewen & Ewen, 1982），*Consuming Passions*（Williamson, 1986），*Dream Worlds*（R. H. Williams, 1982）。而 Campbell（1987）也廣泛地處理對消費性商品之渴望的歷史性根源，他從心理學的角度對社會學的基礎進行批評。近年來則增加了許多對感情社會學之研究的興趣（參閱Denzin, 1984; Hochschild, 1983; Elias, 1987d; Wouters, b

1989），由此看來，我們最後將會走向從社會學的架構來瞭解感情。

第四章
對台灣消費文化現象的
啟示與意義

　　綜合上一章各消費文化理論派別、背景及其理論內容的回顧，藉以檢視當前台灣消費文化的現象。吾人發現有的理論是解釋得通，但有的理論卻無法解釋，究其原因在於這些發展自西方社會的消費文化理論，因為不同國度、不同的文化背景、不同的意識型態，當然也就不適用在台灣社會。此外，由這些理論的摸索，的確也提供不少足以觀照台灣消費文化現象的有力角度（尤其是台北都會區），有助於吾人在混沌龐雜的消費文化世界中找出一些規律性，對於國內此一專業領域的學派人士或一般社會民眾都會有令人興奮的啟示與意義。

　　可是，在提出啟示與意義之前，我們擬先將影響台北市消費空間結構現象之形成及其意義之許多重要

的有關社會文化發展的論點做一綜合性的說明，以作
為解釋台北市消費空間結構現象的重要基礎。我們擬
就台灣社會結構的轉變、社會多元化、各社會階層的
生活型態以及家庭成員關係的改變等四方面做一說
明。

　　首先是台灣當前文化斷層的社會性格與社會結構
脫序的危機。三十餘年來，由於經濟發展或追求工業
化的結果，傳統農業結構已逐漸解體，而工業結構日
益在形成中。社會轉型必然引起的併發現象包括：農
村人口流失、都會人口爆炸、家庭結構改變、服務業
的快速成長、文化斷層現象之形成，以及工業產業結
構中勞資的對立等等。其中影響最大的是文化斷層現
象——傳統文化的動搖、社會規範性文化的失靈與外
來實用功利文化的猖獗（陳秉璋、陳信木，1988：243-
244）。近年來，台灣社會逐漸過渡進入另一新的轉型
期，舊日的社會關係與道德規範崩潰，新的社會秩序
尚未建立整合，陷入了文化斷層的危機裡。在傳統文
化已經完全發生動搖與傳統社會規範性文化之權威失
靈的結果之下，外來功利取向的實用價值，就大行其
道了。而外來實用功利文化使得社會的經濟活動不但
強調大量的生產、賺取利潤，而且鼓勵大量消費、高

度的物質享受，其中正是以財富爲手段以滿足物質享
受之需求。可是，台灣社會之中，在文化斷層危機與
高度物質享受之間發展偏差的結果，消費層次往往壓
抑至物質滿足、感官娛樂享受爲唯一的出路，而休閒
與文化需求則遭受漠視。在這種社會的財富與精力無
法尋求輸出之下，任何形式的非職業活動出現，均可
以立即吸收人們的資金與精力之投入。所以，無論是
股票、賽鴿、卡拉OK、MTV、樂透彩等等任何形式的
休閒活動進入台灣社會，皆立即可以成爲民眾風潮
（陳秉璋、陳信木，1988：439）。同樣的，在消費市場
裡，任何新興起的大眾性、低俗的消費文化（商品）
均成爲大眾社會互相爭寵的對象，不論是世界各地五
花八門的餐飲、服飾用品、通俗娛樂性、三溫暖、理
容按摩、美容護膚中心、秀場、俱樂部等等均然。

　　其次是台灣社會的多元化結果，造成消費型態的
多元化與休閒方式的多元化。根據楊國樞的說法，近
年來，所謂「正統的」思想規範逐漸失去其權威性與
吸引力，分殊歧異的看法相繼出現。在工商社會中，
不合理的排斥與壓抑逐漸消除，只要是不犯法，人們
可以持有各種不同的經濟、政治、社會、宗教、文
化、學術思想，逐漸形成百家爭鳴的局面，逐漸脫離

定於一尊的思想模式。在工商社會中，社會大眾參與
活動逐漸公開化與普及化，對於政治、經濟、社會層
面上的參與，都已成為日常生活中非常自然的現象。
在教育、財富、權力、資訊、價值等方面上分配的多
元化結果，最明顯的是促使社會大眾不論性別、年
齡、職業、教育程度、收入、文化嗜好等的高低，都
有更多的機會去獲得或享受社會的資源，且其人數都
會不斷擴增（楊國樞，1985，52-53）。我們認為，在上
述各種層面上的多元化發展之下，對於消費型態及文
化的多元化必然具有絕對性的影響，其中比較重要的
是消費型態的多元化與休閒方式的多元化。它們指的
是同一社會內民眾消費活動與休閒活動型態不斷分殊
歧異，種類愈來愈多，且具有更大的消費自主權、對
於商品的品味選擇更多樣化。在消費者多元化價值體
系下，這正是當今都市消費文化（商品）五花八門、
不斷創新且均能夠生存發展的主要原因之一。

　　再其次，不同社會階層的人士在生活型態與社會
心態上均會有不同的表現，這正好反映在他們對於
「消費商品」態度上的差異。最明顯的是高收入階層
（例如台灣大企業家、大官、民代、商人、暴發戶
等），除了極少數的例外，大都過著高級社會奢侈浪費

的生活。台北市許多高級昂貴的進口精品、豪華的餐飲、奢侈浪費的俱樂部等具有形象消費意涵的設施，都是因爲有這些人的需要、消費而得以生存。而中收入階層（包括每月收入大約在二萬元以下的一般勞動大眾、中下階層的上班族、一般農漁民與礦工等），一般說來，他們除了努力工作藉以維護生計之外，幾乎沒有其他賺錢的機會存在。然而，在現今物質文明的誘惑下，他們都普遍存著打破現狀的投機或僥倖心理，期盼有朝一日，亦能過著中產階層的悠哉生活。這正好說明了何以許多具有感官娛樂性、通俗性與基本維生性的商業設施會大量存在商業地區中的主要原因，而且也說明了何以低職位、中低收入、年輕的所謂低白領會成爲目前消費市場的主力。因爲這一群低白領在物質文明的誘惑下，往往藉由消費物品來滿足企圖打破現狀的心理需要，加以在目前社會階層流動性迅速之情形下，這一群剛離開學校、尚未有豐富工作經驗的消費者都會位處最基層、人數眾多的階層，可是，很快地會在未來幾年內往上爬，而流入中上階層。

　　最後，目前家庭成員關係的改變，影響了消費市場中消費層組成的變化。隨著社會經濟結構的轉變，

家庭成員之間的關係已經開始發生變化。最明顯的是
太太與子女在消費選擇自主權上的提高。詳言之，原
本太太即是擔任家庭中子女、先生日常生活所需的大
部分消費商品的主要負責人，而成為消費市場的主
力。同時由於近年來女性的教育程度普遍提高，且有
獨立的經濟收入，使得她們在家庭中的地位大為提
高，部分由於「女性主義」的作用，更增進了她們應
該具有獨立自主的人格與行為的意識，而此一趨勢反
映在消費市場上則是她們已經具有消費選擇的自主
權，而不再依賴先生或家庭，尤其在高所得的家庭裡
更是明顯。這正是何以台北市絕大多數商業地區的消
費者在性別分布上是以性為優勢局面的原因之一。而
子女在消費選擇自主性上的變化更富戲劇性。由於目
前大多數家庭成員（父母與子女）之間緊密連結的關
係逐漸發生改變，家庭已不再是家庭成員一切行為舉
止的標竿，取而代之的是青少年的同學、朋友之間，
往往成為青少年從事消費的主要參考架構，而不再依
賴父母做選擇或決定，加上他們有時候也會有屬於自
己的經濟收入，因工讀機會增多，可以賺取足夠的零
用金供自己花費，不必向父母要錢，因而更助長了此
一風氣的形成。根據一項民國七十三年「青少年零用

錢」的調查顯示，青少年手中持有零用錢總金額高達
新台幣六億元，而全年度總購買力則高達三百億元以
上（行銷與推銷雜誌，1984），難怪廠商紛紛推出以青
少年爲主的產品。又根據台北市研考會的研究，發現
目前青少年最常從事的休閒活動中有逛街、看電影、
聊天、聽音樂、看電視等項目（台北市研考會，
1989），這些休閒項目充滿了消費、商業氣息。這正是
何以青少年學生往往會成爲台北市各商業地區消費市
場的主力的主要原因之一。上述女性與青少年在近年
來成爲消費市場中消費者的主要組成的事實，可說是
目前台灣家庭結構發生重大改變後具體反映的結果。

　　茲將吾人觀察到的各種啓示與意義分述如下：

　　第一，由於台灣消費文化在數量及範圍上迅速發
展的結果，使得幾千年來的生活方式大爲改觀，一夕
之間，由過去的以家庭、家族爲生活空間的個體生活
轉變成當今超越家庭之外爲生活空間的集體生活。

　　從消費行爲層面來說，這種集體生活講的是，一
般人都可以在各種大眾性的消費場所（諸如電影院、
百貨公司、超級市場、KTV、PUB、餐廳、台北的西門
町、東區、SOGO商圈等地方）進行人際關係的交往，
認識擁有共同興趣的朋友，達到享受與他人同歡的氣

氛，這是東方社會（包括台灣）幾千年來未曾有過的
現象，如今在台灣的社會中出現，無疑的，其中一個
重要的影響因素當然就是消費文化了，尤其是在大都
市或都會區中更加明顯。易言之，由於受到消費文化
現象的影響，台灣民眾的生活空間擴大了，從家庭延
伸到都市、街道以及各類型的消費場所。與此有關連
的，家庭再也不是人們唯一的學習場所，取而代之的
可能是家庭以外的世界，而且家庭再也不是家庭成員
信仰、價值形成唯一的來源，家庭以外的世界成爲重
要的來源。由此可知，消費文化現象不但改變台灣民
眾的生活型態，也進而影響到家庭原本的功能，其影
響之深，可見一斑。

　　第二，台北市的消費文化在成爲一種「大眾文化」
的過程中而被納入變成社會體系中的一個完整的部
分，在特定的社經階層中創造出相當均質化、標準化
的消費大眾（陳坤宏，1990）。

　　此一論點的提出正好回應本書對於「消費」一詞
另一個重要的界定。那就是「消費應該是社會體系中
一個完整的部分，在此一社會體系中，個人透過物品
的使用、消費而與其他人相互關連起來。易言之，我
們要看的是人們與消費物品之間的對應關係。」在本

書中，我們可以藉助「大眾文化」概念來闡釋由每一個人在其與消費物品之間對應關係所形構成的社會體系中的位置與關係。從台北市經驗研究中可以找到充分的證據以支持此一界定的存在。

　　如前所言，人們與消費物品之間對應的關係，基本上是涉及個人品味與消費物品特性兩個問題，此二問題也正是用來界定「大眾文化」的依據。但是，在進入台北市「大眾文化」本身的分析之前，我們首先針對「大眾文化」的定義與性質做一簡單的描述。最普遍的定義，就是美國社會學家Herbert J. Gans把大眾文化界定爲「工業、消費社會的特殊產物，它是合成的、加工的文化產品。對受眾來說，大眾文化產品跟其他消費物品一樣，雖有選擇的餘地，卻無創作的實感。它們之間是具有替代性的。」由此一定義，我們可以更進一步認爲，大眾文化著重在產品的標準化、規格化與大量化，強調利潤取向與消費者導向。由於大眾文化的缺乏創造性與個體性，它所提供的往往只是時尚所趨，不需深刻的思考與美感訓練即可享有。因此它乃成爲菁英文化抨擊的目標，認爲大眾文化是商業機構由上而下向民間傾銷，消費者是被動的，選擇權也是有限的，而且大多數是爲了滿足感官刺激而

設計的膚淺內容，一方面腐蝕人心，另一方面也傷害
並危及菁英文化的存在（李祖琛，1986：13）。根據上
述對大眾文化的定義與性質的描述，本書乃將普通消
費、通俗文化娛樂與消費、形象消費、採借文化、外
來文化均劃歸在大眾文化的範疇之內。（其中形象消
費與外來文化，乃因大多數的消費者並未具備眞正的
品味與美感去消費、購買它們，而只是基於藝術包
裝、高價位、地位競爭的心理才去購買，故本書也把
屬於這二類的大多數消費文化視爲大眾文化）。

　　在台北市，從消費者個人品味的角度來看，嚴格地
說，除了敦仁區的女性菁英份子與信義路二段的男性
菁英份子這二群消費者比較具有品味素養，且有計
劃、理性的消費傾向之外，其他四個地區的消費者大
多數會偏向大眾文化消費的性格。而且，從消費物品
特性及主要消費活動類型的角度來看，很明顯的，敦
仁區與信義路二段在採借文化上的設施比例相對地偏
低，且主要活動類型屬於通俗文化娛樂與消費者所占
比例亦較低。除這二個地區外，忠孝東路四段、武昌
街二段、公館、東園街及28巷四個地區均普遍存在許
多各式各樣的採借文化與外來文化，而且這四個地區
中各主要特定類型的消費者所發生的主要活動也都集

中在普通消費、通俗文化娛樂與消費、形象消費上。
由此可見，這四個地區在大眾文化上的展現是相近
的。易言之，總括來說，這四個地區的消費者在與其
消費物品之間的對應關係而呈現在社會體系中的位置
是相近的，從這個層面來看，雖然是在四個不同的商
業地區，但卻創造出相當均質化、標準化的消費大
眾。此一現象正如美國文化理論家F. Jameson的觀點：
「到了後現代主義階段，文化和工業生產及商品已經緊
緊地結合在一起，文化已經完全大眾化。一旦商品化
進入文化，意味著許多的文化、藝術作品會成爲一種
商品，而進入人們的日常生活中，成爲了消費品。」
（F. Jameson, 1989: 174）。這種現象如果又放在這些消費
者在政經結構中被賦予角色的過程來看，則更容易理
解。引用黃道琳的論述：「大眾文化的核心問題，應
該在於它所牽涉到的工技組織的問題。在第一個層次
上，大眾文化作爲一種文化工業，在它本身的生產過
程中，就具有了工業生產組織的疏離效果。在大眾文
化的創作者與產品之間、在它的產品與消費者之間都
存在著疏離現象，大眾文化的產品乃成爲市場上的商
品。在第二層次上，大眾文化呼應於一整套資本主義
工業社會透過其生產組織所造就的疏離性格，而成爲

這個體制之中的大多數人所需要的消費品。在這個體制內，勞動者（包括白領及藍領）從事著非人性化的生產活動，其生產過程幾乎完全喪失了自主性與創造性。而且有十足的消費主義取向的大眾文化，便在消費活動的領域裡補償了勞動場所的挫折。」（黃道琳，1986：10；洪翠娥，1988：18-19）。另外，我們也可以看到大眾文化的特殊性格：它提供了大量生產、廉價的、標準化的消費品，因而培養了無分軒輊的、平等的集體意識。且從上述它對勞動力受挫具有補償作用的功能來看，大眾文化的功能又在於提供一種能夠讓現代社會中失去尊嚴的人們重獲尊重與幸福的有力武器。由此一觀點來看，我們就可以理解台北市這四個地區的許多設施之所以會以青少年、低白領、高白領、女性上班族為消費市場主力的原因。尤其在台北市六個地區中的學生與低白領消費層均佔有非常重要的地位，正是說明了在當今「文化重結構」的情勢下所展現出都市特有的消費文化現象。

這種現代消費社會中「大眾文化」的普遍性，到底是功是罪，難以論斷。Gans基於人們對文化內容的選擇之背後都有一套美學標準或稱為品味差異的觀點（乃構成所謂的品味文化），似乎認為在當前的大眾消

費社會裡是一種足以保證「消費的民主」、「文化的民主」的手段，應有其存在的必要（韓玉蘭、黃絹絹，1985：71-73）。但是，相反地，H. Marcuse 認爲，在發達工業社會中，大衆文化在作爲一種社會控制的手段上是具有重要的社會功能，並且是消費社會的結構和活動中的基本內容。易言之，大衆文化就是意識型態與社會物質基礎的融合，就是資本主義商品制度的組成部分，因而成爲供人消遣的娛樂形式和麻醉藥，使得人們永遠無法從日常生活中異化的存在脫離出來（歐陽謙，1988：133-135）。總之，這兩位學者均看到了意識型態與消費之間的關連性，值得深思。

　　第三，在霸權文化的觀念下，台北市的消費已逐漸成爲是一種社會用來控制文化、政治、個人及社會、經濟認同的形式（陳坤宏，1990）。

　　在前面，Gans 與 Marcuse 已經論及意識型態與消費之間的關連性，此處再來分析 R. Ulin 與 J. F. Sherry, Jr. 的看法。從前者所謂的「霸權文化」觀念以及後者所謂的「文化帝國主義」與「多元主義」觀念來界定消費的性質，對於台北市的消費文化會成爲國際文化、大衆文化性格的理解是有幫助的。而這些理解是以台灣本土在社會結構、家庭結構及個人價值觀上的轉變爲

核心。

　　在文化層次上，台北市的消費正好成爲外來強勢文化宰制台灣社會消費生活的領域。這從中國／西方文化優勢地位與否的轉變上即可說明。西方在高度科技、工業創新的優勢下，創造生產出大量高品質、精美的商品，而且就像帝國主義般地侵略至其他國家。當台灣社會的菁英份子（知識份子）開始接受使用這些外來商品時，一般大衆也逐漸對國產貨喪失信心。這種普遍使用進口貨的現象乃根源於西方／中國文化上的不對等、不均衡關係，當然也是政治上、經濟上的不對等關係。更明顯的，這也是消費的意識型態被當作是一種文化帝國主義的形式在作用著。因此，我們就會經常看到西方工業化國家所設計、所喜愛的產品、生活方式、價值觀以及消費方式不斷地擴散到我們的社會之中。

　　在社會結構上，隨著高度資訊化社會的來臨，大衆傳播媒體的觸鬚已經伸延至人們的日常生活之中，乃促成商品廣告的目的。而且所謂流行風尙的品味也藉之滲透到消費者的腦海中。事實上，這種商品廣告與品味都挾帶了消費的霸權文化而侵略到人們的生活之中，因而提高需求的慾望、刺激了消費購物。另一

重要的因素是社會結構關係上的轉變，這指的是社會
中的每一個人會基於地位競爭的理由，開始將他的社
會關係建立在同儕之間的關係上，而不再是以前的人
際網絡的關係。換句話說，現代的消費者往往會透過
消費物品作為認定他是屬於同儕之間具有相同品味與
嗜好之一份子的基礎。此種現象是在當今台灣消費社
會中之社會結構上一個很重大的轉變。尤其在青少年
之間、同學之間、上班族同事之間，乃至左鄰右舍的
年輕媽媽之間更是明顯。這正是許多消費商品能夠在
短時間內成為一般人普遍接受使用的大眾化商品的主
要原因之一。

　　在家庭結構上，隨著社會經濟結構的轉變，家庭
成員（父母與子女）之間關係的淡薄，家庭逐漸已不
再是家庭成員一切行為舉止的標竿，取而代之的是各
成員所屬的團體，團體往往成為現代人從事消費購物
的參考架構，多元化團體的結果帶來的就是消費的多
元化。所以說，消費的意識型態也是一種多元文化，
在當今台灣的社會裡，可以看到所謂「消費的民主」、
「文化的民主」，道理就在於此。在個人價值觀上，當
今大多數的子女都具有消費選擇的自主權與決策權，
不再依賴父母做決定，加上因工讀機會增多，可以賺

取足夠的零用錢供自己花費，因而更助長了此一風氣的形成。一旦青少年、學生握有消費自主權與決策權之後，開始就會毫無目的、非理性的去消費任何商品，於是促成消費商品充斥市場，造成台北時下流行的趨勢報告所觀察到的大眾品味，似乎充分說明了「個體自由」的內涵，想不到原是西方社會特有的個體自由，竟然因消費文化現象而存在於台灣社會之中。反過來說，消費霸權文化乃藉機控制了青少年、學生的消費行為。

　　第四，台北市的消費者已逐漸將消費主義延伸到日常生活領域，而變成一種生活方式（陳坤宏，1990）。

　　此一論點正好回應本書對於「消費」一詞的界定。那就是：「消費應該是一種足以將文化內化到人們日常生活之中的東西。易言之，消費是與日常生活經驗息息相關。」從台北市經驗研究中均不難找到充分的證據以支持此一界定的存在。民國六〇、七〇年代，台灣進入富裕社會、發達工商業社會之際，國民在消費型態面臨轉型期，消費支出的消長隱含了需求層次理論，從基本維生消費的飲食費用主宰的局面超越出來，轉移在育樂、文教、運輸等方面支出的快速

成長，已開啟台灣在富裕社會中消費型態即將發生一系列明顯變化的序幕。首先是全球性高度資本主義在利潤邏輯的運作之下，透過政治、經濟、文化等力量的優勢，足以將其生產的商品擴散侵入至世界各國。再加以高度科技、工業創新的配合，所以能夠不斷地使其商品推陳出新、花樣百出，以掩飾其在一貫大量生產下千篇一律、毫無變化的標準化商品，以達到引誘消費者購買的動機。近年來，我國政府推行自由化、國際化的經濟政策，各國進口商品橫掃台灣，雄踞整個消費市場，尤以台北市最為明顯。一夜之間，人們的日常生活似乎是在商品的環伺之中，換言之，有的人們是為了消費商品而生活。這種現象彷彿1960年代發生在西方高度資本主義社會中的情形，此即所謂「消費社會」的建立。此一社會的基本特徵是：「人們為了消費商品而生活。他們往往會把高級時髦的服飾、高雅的家庭住宅、小汽車、佳餚美食、參加俱樂部、洗三溫暖等當作是生活的靈魂，它們不但主宰了人們的生活，而且不斷提醒人們去追求。」消費主義時代的來臨，似乎是此一社會的最佳寫照。而這種消費主義的意識型態往往會變成一種控制性、操縱性的工具深入到人們日常生活的所有領域。（歐陽謙，

1988：121-122）。所以，本書才會認為：「在表面上，透過消費行為與型態，可以清楚掌握個人的生活方式。」在台北市，有些地區的消費者在需求感知上的表現是對於目前台北市的商業地區所提供的商品與服務均感到不滿足，忠孝東路四段、武昌街二段、敦仁區即屬之；相反地，有些也區的消費者則會感到滿足，公館、信義路二段、東園街及28巷即屬之。我們可以這麼說，前一類的消費者是具有消費主義傾向的一群人，他們是受到消費主義意識型態控制與操縱的消費者，不論是在個人所得高，或對於新奇事物感到好奇的心理之下，他們都會對現有的商品感到不滿足，而一味去追求更新奇、更好的東西。消費者這種對現有商品不滿足之心態的形成背景，主要是受到兩大因素的催化而來：一是商業廣告；另一是社會地位的競爭。我們知道，資本主義生產的商品，要能夠大量的擴散與行銷，必須要有一個完善的商業體系支持才行，其中最重要的是廣告。廣告的作用在於隨時告訴消費者，其身邊既有的東西是無法滿足他們的，他們需要的是一切更新、更好的東西。它的最終目的在於刺激消費者引發消費的動機，提高需求的欲望，進而發生購買。簡言之，它促使人們按照廣告來活動和

消費。在台北市，我們再來看看另外一個觀照消費型態的向度——需求優先順序的事實。近年來，個人的消費型態發生改變最多者有敦仁區、信義路二段、東園街及28巷，而影響他們在消費型態發生改變的因素最主要的是個人價值觀或生活習慣的改變。其次是忠孝東路四段、武昌街二段、公館，影響因素則是個人所得提高、社會風尚影響、個人價值觀或生活習慣改變而促使消費型態的意識型態會變成一種控制性的工具，深入人們日常生活領域的具體事實。

其次，我們再經由本書所主張：「在內層裡，透過消費活動對於不同群體的人們在其日常生活上的功用、角色與意義，以證實消費是與日常生活經驗之間息息相關。」此一論點來看，在台北市的經驗研究中，我們發現大多數的消費者都透過他們所發生的消費活動來達到兩項以上的功用，以及認定這些功用在他們日常生活中的意義（敦仁區除外）。這些功用包括有選購物品、娛樂休閒、蹓躂閒逛、餐飲、與朋友約會等，它們都是人們日常生活經驗中的一部分。簡言之，他們是藉助消費這件事來獲取日常生活的各種經驗。另外，我們雖然發現台北市大多數的消費者（忠孝東路四段、武昌街二段除外）仍然尚未將消費視作

是一項獨立自主的生活，但是卻有不少的消費者已將
消費視作是一項獨立自主的生活了。這說明了在這些
人的心目中，「消費」是與「上班工作」、「家居生活」
一樣的重要且有獨立性，必須在日常生活中給予安
排、計畫。而且，除敦仁區、信義路二段外，其他四
個地區的消費者均有在每一個商業地區中逛選不同類
別商店的習慣。上述這些事實不僅在在說明了消費是
與人們的日常生活經驗相互結合，同時，消費在現代
台北市消費者日常生活中的意義與從前是不一樣的，
它具有多元意義。但是，這種消費與日常生活經驗相
互結合的事實，在法國社會學家Henri Lefebvre看來，
很可能就成為他的「日常生活批判」的對象，更可能
成為台北市消費現象一種潛在的危機。乃因如果一旦
所有的生活經驗必須從消費中獲得，那麼，在商品關
係統治著社會的日常生活中，基本的社會關係就是孤
立的消費者和孤立的消費對象之間的相互聯繫。在這
一過程中，消費對象成了能動的、有意義的東西，而
消費者則成了消極的、被動的反應器。所以，當日常
生活被組織到「消費控制」的社會結構中，現代物質
文化會強加給人們的異化存在，不但充分表現在消費
主義時代中，也表現在日常生活的一切領域。這也難

怪，Lefebvre 會從一種浪漫主義的情緒出發，把現代資本主義的「總體異化」歸咎於技術的進步和「消費控制」，把社會的一切矛盾和動力都溶合到日常生活領域。似乎資本主義的異化現象就根源於一個「消費主義的世界」，正是爲了物質而存在的追求導致了現代人類的悲劇（Lefebvre, 1984: 72-73；歐陽謙，1988: 129-131）。本人認爲台北市目前大多數的消費者對於其所發生的消費行爲所認定的態度與層次（程度），尚不至於如列氏所提出論點般的悲觀。但是，列氏的論點何妨不是一個作爲我們反省台灣「消費文化」方興未艾可能產生一切危機的出發點。

　　第五，台北市各消費中心的性質與功能應該由消費者的消費活動、生活方式以及設施型態在文化社會上與生活上的特質來共同加以界定，且每一個消費中心各自具有獨特、深刻的文化與生活意義（陳坤宏，1990）。

　　本人將台北市六個消費中心放在文化與生活的意義之中加以考察，發現各消費中心都不只是提供商品或服務給周邊此一簡單的經濟功能而已，它們都還具備若干更眞實、更豐富的文化上及生活上的意義。最明顯的是：

一、門戶功態

　　例如，忠孝東路四段是國際性文化的門戶與展示
台；武昌街二段是全省性作客台北的門戶；敦仁區是
世界各地進口淑女服飾的門戶。

二、社會價值多元化的表徵

　　例如，忠孝東路四段、武昌街二段。

三、地區性生活或歷史傳統文化的反映

　　例如敦仁區的高級住宅區文化；公館的交通轉運
與大學校園文化；信義路二段的文教型住宅區文化；
東園街及28巷的傳統住宅區文化。

四、文化層次的功態

　　例如透過本土／外來文化、通俗／精緻文化、大
眾／菁英文化等在各消費中心的表現，足以掌握消費
者在文化素養的層次（程度）。

五、社會控制的中心

上述這些消費中心的性質與功能，都是在過去許多的商業空間結構理論中所未予充分考量的，這正是本人所提出一新的理論架構的主要貢獻所在。

第六，台北市有些消費中心在經濟上與文化上的影響力量並不一致（陳坤宏，1990）。

如前所述，都市消費空間結構不但會表現在經濟層面上，而且更會表現在文化層面上，二者有時候會互相符合，但是有時候是不相符合。台北市的信義路二段、忠孝東路四段與武昌街二段即是明例。就經濟層面而言，忠孝東路四段的外來文化與形象消費、武昌街二段的形象消費的商業設施所占的比例均較信義路二段者要來得高，可見這二個地區在經濟層面上的影響力要比信義路二段大。但是，就文化及社會層面而言，不論是消費者的社經階層或文化取向，信義路二段則比忠孝東路四段、武昌街二段要來得高，可見信義路二段在文化層面上的影響力要比後二個地區要大。所以，這是一個經濟上與文化上影響力不一致的例證。而在敦仁區、東園街及28巷則是二者相互一致

的例證。上述這種消費空間結構在經濟上與文化上具
有較大影響力的人，未必在經濟上就有較大的影響
力，反之，亦然。此一事實正如同荷蘭猶他瑞特州立
大學（The State University of Utrecht）社會科學教授 B.
S. Turner引述 D. Bell的觀點：「文化的領域已經開始有
點脫離現今資本主義的政經結構關係，而逐漸變成為
社會互動與生產上一種獨立自主的東西」（Turner, 1988:
75）。

　　第七，由於當今資本主義商品消費文化的特性
（諸如進口、名牌、藝術包裝、高價位和特殊性、暫時
性與虛假性需要、強調象徵符號性等），造成台灣一般
社會大眾對生活型態意義的扭曲；此一結果（也是一
個形成原因）進而醞釀出目前消費文化的核心問題，
即在於兩個主體——生產者與消費者間的關係已形成
宰制／被宰制的平衡型態（蕭新煌，1990）。

　　面對上述生產者與消費者之間的不平衡關係，如
何去重建當前台灣消費文化的現象與特性，實為當務
之急。其中以消費者自身的覺醒最為重要，因為唯有
它才足以改善甚至扭轉目前的宰制關係，尋回消費者
真正的主體性。今日的台灣消費者保護運動，大多止
於都市中產階級消費者的個案保護層次，政府成立消

費者保護委員會已屆二年，功能卻未顯著。因此，欲
有效克服當前台灣不合理的消費文化現象，不應停留
在狹隘的消費者運動的問題，而是應擴大到對大眾文
化的反省。例如：徹底改變對流行文化（商品）的盲
目信仰和使用、關心集體消費的問題、強迫廠商生產
透明化、強調理性消費與正確的生活型態意義、對政
經體制提出反省與批判等，這些都是最直接而且有效
的方法，也成爲未來台灣消費文化運動的重要課題。

　　第八，台灣經濟成長過快，卻缺乏消費教育與消
費的原則。眾所周知，台灣的富有，在時間上太短也
太快，有錢人沒有辦法有效率、有品味的達到消費原
則。當然消費者自己要負責任，還有教育體系也要檢
討，我們受德智體群美育等教育，卻沒有受過消費教
育，這是非常不可思議的現象。中國歷代勤儉持家的
觀念已不成問題，但暴發戶的消費卻是值得檢討。所
以，在消費教育中，如何將品質、價格取得平衡是非
常重要的，在合理代價中如何區分需要與不需要？以
及如何把品質、功能、價格間的合理關係作一深入瞭
解，實爲當今消費教育體系的重要課題。目前國內公
平交易法已成立，法則內也有包括個人消費問題，另
外，消費者保護法、環境保護法也成立且開始實施，

　吾人期待經由這些法律體制能夠有效地改善消費環境，進而建立一個合理的、公平的消費者環境。事實上，消費問題表面上是單純的「買」與「賣」，深層來看卻是「人」與「人」，以至「人」與「物」的關係出了問題。因為「消費文化」一詞，意義既深且遠，從一個簡單的消費行為，一個人的內在涵養、生活態度均將表露無遺，從這個行為衍生出來的消費問題，可能影響到整個社會安定，而且追根究柢，消費的問題根本就出在於人類欲望的無窮。所以，要建立一個適當的消費文化，除了貫徹上述的消費教育，找出合理的物價結構與消費方式，還得建立每一顆健全的人心才行，或許跳脫欲望的法輪，即佛教所謂「無欲則無無明，自如自在」就是一個終極的圓滿境界。

第五章
消費文化與商業空間
關係之理論與研究

第一節 有關都市商業空間與零售地理 的理論與研究

　　本人初步將有關都市商業空間與零售地理的理論與研究，分成：

　　1.1980年代以前的都市（都會區）商業空間結構理論。

　　2.1980年代後期至1990年代的消費文化理論以及強調零售與「都市」關連的新零售地理學。

　　3.1990年代後期至2000年以後迄今的消費──社區空間成對關連的研究等三個研究途徑與理論模型。茲

分述如下：

一、1980年代以前：「都市（都會區）商業空間結構理論」時期

　　根據陳坤宏（1990、1995）的看法，依照理論根源、方法論或經驗研究、實際作法等向度，可將1980年代以前有關都市（都會區）商業空間的研究取向，大致分成二大研究典範：中地理論研究取向的商業空間結構理論，以及消費者行為、認知及社經階層研究取向的商業空間結構理論。

　　（一）在國外，第一個典範的早期歐美學者主要有Berry（1963, 1967）的都會區商業空間結構模型、Garner（1966）的零售中心區的內部結構、Nelson（1958）提出零售業選擇商店位置的理論、Applebaum（1966）提出商圈評估之五項因素（近便性、人口、競爭狀況、經濟穩定性、商圈大小）、Beavon（1977）承認商業或服務具有「中心」的存在、Davies（1976）的都市中心區零售區位結構模型、Carter（1981）以及Arnold等人（1983）主張零售位置選擇之八項因素：商圈購買潛力、商店地點便利性、成長潛力、商業攔截

性、綜合吸引力、相容性、競爭性大小、地點的經濟價值；Craig等人（1984）提出零售區位選擇過程的模型；Buckwalter（1990）研究中型都會區的零售結構之差異，結果發現政治力爲主要影響力；Hochberg與Milller（1992）以愛爾蘭爲研究對象驗證中地理論在眞實世界中的適用性，並將商業空間劃分爲五個階層，研究中指出商業空間與財貨將隨著時間而改變；Bennett與Graham（1998）從服務業供給來探討英國市中心服務業之集中情形，同時論證商業中心的差異及造成差異的影響因素，並以空間互動模型將英國商業中心劃分成五個階層。以上諸位學者的研究最具代表性。日本學者則以服部銈二郎及杉村暢二（1975）、通口節夫（1979）（三村浩史，1999）等人最具代表性。在國內，此一消費空間研究取向，從最早的1970年代到1990年代，大約二十年間，在國內也吸引了若干學者及研究生投入研究行列，基本上是以地理學、都市計畫學、區域經濟學的學者爲主，比較著名的有劉錚錚（1968）、張聰明（1974）、施鴻志（1975）、蔡文彩（1978、1980、1987）、胡金印（1979）、徐昌春（1980）、嚴勝雄（1980）、錢學陶（1976）、譚柏雄（1980）、詹智源（1982）、石世坤（1983）、莊武釗

（1985）、林眞妙（1987）、高樹仁（1987）、張維銓（1989）、王鴻楷與陳坤宏（1989）、陳文欣(1990)、鮑紀良（1990）、徐逢陽（1993）、黃名義（1995）、梁炳琨（1999）、林立屏（1999）、黃幹忠與葉光毅（2000）等。以上這些研究的成果，對於零售地理及消費空間研究此一領域，奠定了堅實的理論基礎，貢獻卓著。

　　（二）第二個典範的早期歐美學者主要有Berry與Garrison（1958）提出「三級活動理論」、Johnston（1966）、Johnston與Rimmer（1967）、Clark與Rushton（1970）、Rushton（1971）的行為／空間模型、Davies（1976）的購物中心層級性次系統發展模型、Dawson（1980）的零售地理制度性架構、Potter（1982）的消費者知覺行為與零售區位模型，以及Berry（1988）的現代化中地理論，將服務人口社經特性納入考慮，探討社經特性變化與中地層級變化之關係等最為主要。在國內，此一消費空間研究取向，主要有鄒克萬（1985）、陳國章與陳憲明（1983）、羅時暐（1986）、陳繼鳴（1986）、陳坤宏（1990）、戴廣平（1995）、蘇俊凱（2001）、羅清達、張益三與陳耀光（2001）、徐秀青（2002）等人。不可否認的，這些研究的成果，對於國內在零售地理及消費空間研究此一領域，確實

有其貢獻。

　　有關中地理論研究取向的商業空間結構理論的評價，基本上它是以商品或服務供給面出發，由中地理論所主張的中心、層級、服務圈等重要概念構成，這些概念似乎主導了後來學者研究商業空間結構模型走向同一研究途徑——那就是劃定出不同類型的各種商業中心，且這些商業中心之間具有明顯、清楚的層級關係，但這些商業空間在規模大小、設施功能數目及服務人口數上均有所差異。不論是都市商業空間結構之分類、商業區研究、商圈、區位選擇的研究，大都脫離不了此一理論基礎。但是，此一研究取向是靜態的結構，未能將時間因素納入，而成為理論不足之處，另外，此一研究取向也忽略了中地體系以外的力量所促成之由上往下發展的重要性，未能將商業區空間結構與其他商業區或整個大都市環境進行開放性的連結，也是其理論上的缺陷。所以，中地理論研究取向的商業空間理論與研究均有其時代意義與學術貢獻，但仍有其理論不足之處，包括受限於劃定類型與商圈大小之形式主義以及商業區空間元素與空間層次關係的束縛，忽略居民社會背景的意義與消費者生活行為的探討；缺少「時間」向度的考慮；屬靜態的模

型，無法顯示「商業空間」與「時間」的關係，使人與歷史的脈絡脫節；未能從人的實際生活經驗出發探討商業區的意義等缺點。

　　以上中地理論研究取向的商業空間理論與研究的缺失，一部分可以由消費者行為、認知及社經階層研究取向的商業空間理論加以彌補。基本上，此一研究取向是以消費者的需求面出發，例如，Davies模型、Potter模型及Berry模型都是從消費者行為型態及社經屬性的角度來理解都市商業空間結構的形成與發展，他們共同主張，都市中商業中心之間的層級關係的形成是來自於消費者行為與社經屬性，而不僅來自於經濟法則，這是這一支理論最大的貢獻，也是與第一支理論只強調經濟法則之說法最大的差別。因此，這一支理論將不再受限於形式主義的商業區類型劃分的束縛，而開始強調消費者社會背景的意義與消費行為影響商業空間結構之形成的重要性。但是，這一支理論仍舊未能考慮「時間」向度，以及外在空間體系由上往下發展的動力可能帶動商業空間體系的成長與變化。例外的是，Dawson模型在這一方面的缺失是比較少的，因為他不再將零售活動視為是一個與其他社會、經濟、政策活動完全無關的活動，而開始把它放

在比較寬廣的視野中加以研究，看看零售活動是如何
受到政府政策、組織形式、活動技術的影響，看看零
售活動是如何與商品特性本身產生關連。此一觀念說
明了Dawson的模型是一個開放性的建構，隨時會受到
外在條件的影響而發生改變。另外，這一支理論還有
一個明確的缺失，那就是，如果從文化的觀點來看，
它們並未處理消費的象徵性、符號性、再現空間、意
象形塑、文化政治性、權力關係等問題，面臨全球文
化再結構的時代，若未將「消費文化觀點」納入都市
商業空間的研究架構中的話，在理論建構上也將會是
不完整的。

二、1980年代後期至1990年代：「消費文化理 論以及強調零售與「都市」關連的新零售 地理學」時期

　　直到1980年代後期，在國外有關消費社會與消費文
化理論的理論與研究開始興起並快速發展，其中以法
國社會學者Baudrillard（1983, 1988）、Bourdieu
（1984,1985；劉成富、全志鋼，2001）、Bocock
（1993）、Miller等人（1998）較爲著名。此一研究取向

可稱得上是都市（都會區）商業空間的第三個研究典
範。在國內，1990年代中期到後期，可說是國內在零
售地理研究邁向另一新的里程碑的時期。自此一時期
開始，除部分延續前一時期兩個商業空間研究典範繼
續進行研究外，也開始增加一些有關：1.消費文化理
論、2.百貨公司消費行爲與空間圖像分析或商圈意象塑
造，以及3.新零售地理等三部分的研究，這是與前一時
期研究取向不同之處。可惜的是，由於發展時間尚
短，還不到十年，學院派的學者在此一領域的專著或
論文還很少，以消費文化理論、百貨公司消費行爲與
空間圖像以及新零售地理研究來說，就筆者所知，有
台大社會系葉啓政（1985）、李永熾（1991、1992）、
陳坤宏（1998）、黃恆正譯（1998）、陳坤宏（2002a、
2002b）等人，故必須迎頭趕上。而研究生以此爲題撰
寫論文者，亦只有十餘篇，且大多數是百貨公司消費
行爲的研究，除地理學、都市計畫學外，又增加了社
會學、商學、企管、建築與城鄉等研究所的研究生投
入這方面的學術研究，例如張毓胤（1993）、高靖祺
（2000）、高碧英（2001）、姚佳齊（2001）、李盈瑩
（2001）、汪書賢（2002）、許麗兒（2002）、彭國田
（2002）等。

　　其中值得一提的，在新零售地理方面的研究上，也是一個嶄新的研究取向，很可能逐漸會成為都市商業空間理論的新典範。1990年代是歐洲社會科學家對消費文化與零售資本的消費空間此一研究主題一直感到興趣的時期，同時，此一年代也是出現人文地理學中零售地理這個次領域重新建構的時期。在此一時期，零售地理研究的焦點，已從傳統的零售區位問題，開始認真關注零售業的經濟與文化地理，這正是Wrigley與Lowe於1996年首次使用並命名的「新零售地理」（new retail geography），自此，「新零售地理」不但吸引學者投入理論研究的行列，並獲得高的評價。這方面研究工作的重要性，不僅是來自於本身的學術性條件使然（如Lowe 與 Wrigley, 1996; Crewe, 2000; Wrigley 與 Lowe, 2002; Blomley, Clarke, Crang, Crewe, Doel, Domosh, Dowling, Goss, Gregson, Guy, Hallsworth, Hughes, Jackson, Leslie, Lowe, Marsden, Marston, Reimer, Thrift, Valentine, Wood, 以及Wrigly等人），而且是基於它的跨學科領域所造成的衝擊，包括地理學家、文化人類學家、社會學家以及社會文化歷史學家在1990年代晚期爭相研究（如Miller等人, 1998; Jackson等人, 2000）。至少在英國，由研究委員會所支助的計畫方案

（如 Cultures of Consumption, The Nation's Diet, Commercial Cultures 等），大大提供了投入這方面研究的機會。對於以地理觀點研究零售與消費的研究來說，正好發現了一批新的且多元化的聽眾，跨越了人類學與文化研究的範疇，並從過去企業與行銷觀點的研究，進展到今天注重產業──組織──經濟的研究上（如 Clarke, 2000; Miller, 2001）。

　　所謂「新零售地理」（new retail geography），是期待尋求結合零售資本的經濟結構與零售業的文化邏輯分析二者為一的解釋模式（Blomley, 1996）。從 Blomley（1994, 1996）所謂的那種正統的、空間科學傳統的零售地理，轉變到1990年代重新建構起來的「新零售地理」。例如：1987年，Morrill 在其著作《都會區內的商業結構》一書中，即將 Berry 於1963年對芝加哥購物中心與零售變遷的古典研究，擴展延伸到美國主要的都會地區（如西雅圖）的零售結構與服務中心的研究上。與 Berry 在二十五年前所研究的「計畫性」的購物中心發展、快速道路的興建，以及較強的城市與區域計畫等不相同，Morrill（1987）就曾經下過結論：「在西雅圖，計畫性的購物中心與非計畫性的零售中心，在性質上是有很大的不同，後者也採取了若干的

生存策略。」他的研究結論，亦堅定顯示出與許多地
理學家不同的期待，即指出，一個清楚的都市內部的
中心階層結構仍然非常的健全。另外，Smith（1996）
在「都市地理」期刊上發表一篇有關Starbucks咖啡帝國
的消費、生產與政治性的文章。在他的研究中，Smith
很成功地發現零售商在具優勢的都市消費環境中建立
起公司的風格與地點，並指出Starbucks咖啡店的設計如
何依賴它與城市的連結，以及與那些具備仕紳化的鄰
里地區的連結，甚至延伸到郊區的街道、機場的長廊
商場與購物中心。Goss（1996）將重點放在美國城市中
節慶市場的「新的零售地景」研究上，並視之爲當代
消費資本主義的夢幻屋。因此，本研究取向強調將
「都市」視爲一個新的經濟與文化的零售地理的涵義，
體認出零售地理的經濟面與文化面是互相依賴的，彼
此連結、融合、相互建構的，而無法單獨抽離出經濟
面或文化面來看待零售地理（Pred, 1996）。Crang
（1997）亦指出，經濟地理在「轉向文化」(cultural turn)
的世紀裡，顯得更加寬廣，而且堅定信賴「空間、地
方與實踐（生產、流通、消費）絕非單純是經濟面
的，更不是它們產生後的剩餘」此一觀點，易言之，
若是能夠將地方、物質生產、流通與消費一併進行研

究的話，那才是重點所在。

新零售地理包括：透過新的零售經濟地理的觀點來瞭解「都市」，以及透過新的零售文化地理的觀點來瞭解「都市」。前者，在1990年代的中期，零售地理已開始認真地對待它的經濟地理的這一部分，例如Blomley（1996）、Wrigley與Lowe（1996）等人。尤其是Wrigley與Lowe（1996）二人更為零售經濟地理的研究，整理出一個架構，並且被大家廣泛採用，此一架構中的七項主題包括：

1.零售公司結構的再形塑。

2.零售商與供應商關係之權力平衡轉變的特性。

3.零售流通分配之組織與技術的轉型。

4.零售就業關係的轉變。

5.零售業的相關規定與管理。

6.零售資本易變不定的地理與空間的搖擺、替換。

7.零售空間的形構、操控與論爭。

在此一基礎上，Wrigley與Lowe（2002）即主張上述每一主題已經產生許多1990年代地理研究的題目，例如，有關零售商與供應商關係之研究，就有Crewe與Davenport（1992）、Bowlby與Foord（1995）、Doel

（1996, 1999）、Hughes（1996a, 1996b, 1999），以及研究商品連鎖店的Leslie與 Reimer（1999）、以及 Hughes（2000）等人，而其他主題亦陸續展開研究，也盡最大的可能將「都市」納入考慮，例如 Lowe 與Wrigley（2000）即特別主張此一觀點。談到零售空間型態與資本的流動搖擺過程之間的關係，則必須牽涉到現存的地理空間，簡單分為：全球、國家、以及地方／都市三種空間尺度。而後者，在「新的零售地理」論述中，零售的文化邏輯在不同的階段以及不同的空間場域中，已經受到了檢驗。在人文地理學中，所謂「轉向文化」（cultural turn）已經開始發生，有關零售業的文化邏輯的檢驗，也開始被擴展出來。根據Don Mitchell（2000）的觀點，所謂「轉向文化」（cultural turn），是在1980年代即與「轉向空間」（spatial turn）、「後現代」（postmodern）同步發生，並且影響了社會科學裡的各個領域學科的發展。這裡，我們將以不同的方式考慮新的零售業文化地理。而它與「都市」之間的交互關係，則將焦點放在消費的日常生活經驗的四個場所——街道、購物中心、百貨商店，以及住家。

　　另外，與新零售地理研究有關的探討，尚包括Antoine等人（1992）在 "Spatial Econometrics of

Service" 的研究中，重新詮釋中地理論，考慮零售商與消費者的偏好建構消費者服務系統，使商業空間結構的理論與研究更趨成熟，其理論指出需求將隨著距離的增加而減少，中地的數目、規模和區位將受到需求及中地間階層的影響，而且零售商之偏好將影響商業空間。Guy 於 1995 年在西歐城市的研究裡，建立一個新的零售空間理論，由零售商與消費者特性探討西歐過去三十年零售空間形式的改變，研究結果指出現代化的購物中心將取代傳統的零售店，而消費者文化、社會態度與經濟、行政組織都將造成零售店形式的改變。

　　前面所述消費者行為、認知及社經階層研究取向的商業空間理論研究，在欠缺考慮消費文化觀點（如象徵性、符號性、慾望、再現空間、生產與政治性、權力關係等）以及全球文化再結構對地方性消費文化之影響之問題上，一部分可以由消費文化理論與新零售地理學此一研究取向的商業空間理論加以克服。最明顯的是，1980 年代開始的全球經濟秩序再結構影響到經濟及產業組織層面，致使許多大型零售業在產業發展方向與組織定位上重新洗牌，因而產生新的都市零售地景；在社會及文化層面，在人文主義與後現代風

潮的影響力逐漸增強之趨勢下，人們開始對特定地方
／都市的歷史、社會、文化取向、經濟制度及生態等
產生關注，而重新看待那些非正式的消費空間，而且
把購物中心、商店街、百貨公司當做是社會性的中心
等主張，都足以說明此一研究取向，不但在宏觀層次
上考慮到全球經濟對都市零售產業發展方向及零售地
景的影響，而且在微觀層次上也開始重視在居民實際
的社會生活行為與意義下來探討商業區的意義、有關
零售商與供應商關係之研究，以及由零售商與消費者
特性探討零售空間形式的改變。由此一分析可知，此
一研究取向是同時從全球經濟及文化的再結構、商品
供給面與消費者需求面出發，探討都市零售空間，完
全不同於1980年代以前「都市（都會區）商業空間結
構理論」時期的研究典範。

三、1990年代後期至2000年以後迄今：「消費 —社區空間成對關連的研究」時期

根據 Crewe（2000）的看法，在1990年代，零售地理發現：消費者市場是人類代理人（行動者）與個人自我實現的場所。2000年代早期則將研究焦點轉移到：經由商品文化、自我認同、市民性與政治參與之間連結的探討，將消費視為是政治行動的場所。針對此一時期的論述，本人擬分成：當今都市社區空間中特定場所（諸如商店街或商業區）的消費文化，以及在特定場所中空間—特定的消費型態之間的關連二部分加以進行。

（一）當今都市社區空間中特定場所的消費文化

我們知道，當今的城市，已經從標準化商品大量生產的工業經濟，轉移至以服務業為導向由更有彈性的生產形式及個人消費、活動與空間所界定的產業，尤其是在象徵性商品的生產與消費以及創新、設計與知識的快速成長，已成為1990年代城市新挑戰與競爭成功的決定因素。而一地方與另一地方之區別在於「消

費認同」（consumptional identities）（Corner, 1994），一地方不再被視為生產中心地被再建構與被銷售，而是消費中心。一地方為了競爭有限的投資基金，它們的活力逐漸依賴於「有知覺的且有計畫的文化操作，企圖強化地方的利益」（Kearns & Philo, 1993; Boyle & Hughes, 1991; Sadler, 1993; Zukin, 1991, 1995），而消費機會的質與量，乃成為產生這類地方迷思(place-myths)的關鍵元素。.

近年來，許多研究集中在這種社會與空間轉型的意涵研究上，如Jackson（1993）、Mort（1996）、Zukin（1995）等人。

第一，從馬克思主義政經觀點來看，由於過度強調全球經濟投資過程，而將消費問題降低地位至只是生產線索的第一個因素，而在解釋全球城市中都市變遷的地方地理時，它也幾乎被排除在生產性服務的複合體之外（例如Hamnett, 1992; Knox, 1995; Sassen, 1994），消費（需求）很少被有系統地理論化，比起「真實」世界的生產，算是微不足道的東西。因此，無法認真地處理投入文化生產與消費的社會實踐此一議題。所以，這些學者的目標即是，提供一個正確的觀點，那就是：從政經的線索中找出消費，並將消費視

爲資本循環的一個面向。「消費」不僅是一項瞭解生
產中被「讀過」的東西而已，而應該將它結合至物質
過程與象徵再現之分析中才行，並且從中找尋、看到
以地方爲基礎的意義的生產與再生產。消費空間之所
以迷人，因爲它同時反映文化與經濟過程，特殊地方
的意義與實踐不斷地轉移，提醒了我們：「都市地景
的建造與再革命化」不再只是實質的與經濟的，它同
時也是社會的、文化的與政治的……」（Goodwin,
1993）。

　　第二，更近年來，文化理論主張：反身性消費
（reflexive consumption）經由品味與秀異的控制性文明
化，而成爲日常生活的美學化（Featherstone, 1991;
Lash & Urry, 1994），逐漸地，人們開始消費意義與符
號，而非商品或服務本身，其結果乃形成象徵性消費
社會（Baudrillard, 1982; Featherstone, 1991; Jameson,
1984; Lash & Urry, 1994; Lyotard, 1984）。消費乃成爲新
中產階級擁有文化資本表現出秀異的一種手段，並成
爲建立起象徵性消費過程之社會與空間結果的重要考
慮元素（Bourdieu, 1984; Campbell, 1995; Featherstone,
1991; Lash, 1993; Lash & Urry, 1994; Ley, 1996），它的
重要性在於經由商品所形成的象徵消費與個人意義的

構成，所以不再是小事了。

第三，今天地理學的爭論在於：有關在後資本主義下，都市再生的過程在經驗上仍舊是牽強附會或誤用（skewed）及理論上是極化的（polarized），基本上有以下原因或現象：

1.北美的購物中心對為數不少的居民來說，幾乎是生活的全部，它破壞了傳統的經濟活動形式，並取代本土社會（Jameson, 1984; Knox, 1991; Sorkin, 1992; Virilio, 1987）。此時期有關消費的文獻大多限於正式的、都市型的空間，如購物中心、百貨公司、商業大街（high street），造成顯得有些拼湊、不具方向感、不真實的與並置的地景（Sack,1988; Gottdiener, 1986; Shields, 1989; Wrigley & Lowe, 1996等人）。許多學者均認為購物中心是1980、1990年代都市的「教堂」，似乎一點也不為過。購物中心是一個在社會上被控制的空間，其意義是被錨定與靜態的。同樣的，有關仕紳化的文獻，主張新的消費地景的出現，在新中產階級的美學敏感度與文化憑據中被發現（Hamnett, 1991, 1992; Ley, 1986, 1996; Mills, 1988; Zukin, 1995; Smith, 1996）。例如，Zukin（1984）在*Loft Living in Downtown Manhattan*一書中將倉庫加以仕紳化，提高不動產價

值，進而刺激城市的文化消費（例如藝術走廊、餐廳、博物館、美食屋等）。Crewe 與 Beaverstock（1998）卻認為，問題在於他們將都市過程特定的社會與空間結果加以一般化，並且著重於唯一的消費地景的生產上，缺乏地方社會與結構的細節考量。

2.都市再結構的過程似乎是一種新中產階級的興起以及 Bourdieu 所說的新布爾喬雅族制定商品品味的規範，以及誇耀他們消費的憑據所在，經由新的消費模式可以發現秀異、區別與反身性，因而產生新的工作與遊戲的都市空間（Ley, 1996）。Jackson 與 Thrift（1995）主張此一新的商品化階段與特定的社會團體具有生態互賴的關係。Smith（1996）、Butler 與 Savage（1996）亦有同樣的主張。Crewe 與 Beaverstock（1998）主張，類似這樣的社會團體與消費地景之間的對應關係，是被誇大敘述了。像這樣的解釋漠視了意義的多重性著床於消費實踐的重要性，而且低估了被階級、性、年齡與生活方式等變化因子所固著而突然、意外發生的都市景觀。因此，他們二人認為在消費實踐中去嚴格質問階級固著的問題，是很重要的，研究的目標應在於，將消費空間視為地方，並由跨越階級區分且同時存在於個人層次意義的多重性所界定出來的一種地方

才行。英國的 Lace Market 即是不適用於傳統那種以階級爲基礎進行解釋的仕紳化與消費，相反地，應該將它這種消費空間視爲一種特別的地方，才比較恰當。

3.最後，由於一般現有的解釋均將城市中的文化角色與消費在理論上視爲兩極，因此，一方面有人慶祝文化產業的潛力與歐洲型態開放空間的市民化效果，另一方面卻有人悲嘆私人化、貧民窟化城市的興起（Sorkin, 1992; Smith, 1996）。總之，Crewe與Beaverstock二人的目標在於藉由同時考慮文化生產與消費來編織出此二極端之間的一條道路來，此一研究途徑的價值在於它提供了生產與消費之流通中會發生轉變的一種方法，而它是會朝向反身性累積之道路發展。因此，研究如何瞭解文化產業之部門間交互作用的重要性，諸如流行風尙、音樂、設計、產品研發、食物與飲料，以及研究工作與休閒之間逐漸模糊的界限，像這樣的現象在分析上將文化消費從生產中脫離出來，實際上有時候也會破壞我們去瞭解整個運作過程的能力，但卻是很重要的。

近年來，已有一些學者主張：空間、地方、消費、流通、交換的實踐，將成爲重新建構經濟地理的核心（Crang, 1997; Crewe, 2000），而且，零售將以許多方式

重新界定當代英國的經濟與文化水平（Mort, 1996）。這是因爲他們看到早期零售地理研究工作的問題在於未能夠嚴肅認眞地處理經濟地理或文化地理，結果造成描述性的敘述，以及經常過於簡單的畫出店面的區位外，還是區位。然而，這個時候，許多文化理論學者、歷史學者與人類學者正探討著：零售與消費空間扮演著意義（再）生產及認同構成的關鍵性場所的方法（Leach, 1984; Wolff, 1985; Benson, 1986; Abelson, 1989; Buck-Morss, 1989; Dowling, 1991; Williamson, 1992），而且，零售地理學者也慢慢在質問：消費空間成爲商品交換與象徵性、隱喻性領域的物質性場所的各種方式，其結果是歷經了整個1980年代，零售地理尚處於理論發展不全（undertheorized）的情形（Blomley, 1996）。

　　然而，1990年代的十年是重新建構零售地理的時期，且已開始成形，部分原因是受到Ducatel與Blomley（1990）的刺激，他們主張「零售資本及其轉型是一項重要且有關的研究主題，值得迫切注意。」因此，這一方面需要一個理論上被諮詢之零售資本的空間組織，導致有關零售再結構新地理工作的蓬勃發展，以探討合作策略、市場結構與資本的空間轉變

（Christopherson, 1993; Clark, 1993, 1994; Wrigley, 1991, 1992, 1993a, 1993b, 1994; Doel, 1996）。歷經1980年代，英國與美國進行了明顯的集中化過程，以食品業為例，1990年，五家零售商掌握了60％的英國零售市場，1980年代後期，六家流行時尚零售商占了幾近40％的英國服飾銷售量，此一現象引起了零售地理學家必須注意食品與流行時尚體系「新主人」的出現問題。這種零售業組織的轉移，正好符合了新保守主義的政治目標計畫——去規則化（deregulation）與市場的自由化（freeing up），這些轉變將利用大量的權利與責任在零售資本上，而且把學術注意力放在零售資本與那些具有規則的狀態之間那種複雜且矛盾的關係上。

（二）在特定場所中空間——特定的消費型態之間的關連

　　Mort（1995）提出，過去不同領域（經濟學家、政治評論家、人文地理、文化研究、社會學者）之有關消費的著作，普遍存在一個問題：消費的概念被激發起來當作是一個後設概念（meta concept），用以解釋一組完全不同的現象，這是一個被虛飾成綜合性、複合式的用語，在經濟轉型上成為可辯論的一部分，並遍

布於政治論述及空間的再秩序化、認同與地方的討論上。現在的問題在於：它已傾向於將特殊的需求（demand）循環以及它們文化的與地理的意涵過度一般化了。所以，Mort認爲，一個從這樣的僵局跳脫出來的方法，即朝向一個更精細且更紮實的焦點來探討。此一研究途徑係將消費實踐（consumption practice）當作是分化的且具明顯性格的。同樣的，Glennie與Thrift（1993）也主張：所謂消費鏈（consumption chains）是有漏洞的，許多橫跨不同需求循環之間的互動以及這些現象與其他在市場爲基礎的交換領域之外的論述之間的互動，應該是存在的。所以，過去的理論與研究，是無法充分瞭解在任何時期，消費作爲一個簡單之不同消費鏈的聚集情形，因此，更寬廣的社會與文化的歷史必須被寫出來，而這與更特定的故事是有關連的。易言之，過去常見的所謂一般化理論（general theories）是不夠的，應該考慮像1980年代倫敦那種性別化商業（gendered commerce）的特殊制度（particular regime）。因此，現在的都市地理需要一個更具體、更細緻、所謂性別化的商業與文化，最明顯的例子之一是倫敦的Soho商業區。在上述的主張下，Mort乃進行了Soho區的經驗研究。

　　Mort在Soho商業區的個案研究中得到如下的結論：
在這個時期，Soho似乎已經是一個品味社區（taste
community）的縮影，它的空間轉型是與下列因素有
關：特定的文化形式，一系列清楚界定的個性的出
現，還有媒體專業人士、同性戀都市人、有風格的企
業人士等都主張了這種城市空間的細分化。Giddens
（1991, 1992）更進一步提出同樣的主張：認同不但與
自我肯定（self-affirmation）有關，也被整合至自我的
生活方式決策之中。Giddens生活方式的概念，比消費
產業來得寬廣，它包含了日常生活的所有領域，在其
中，個人的評價已取代了外在的權威規定。總之，
1980年代英國男子氣概的商業歷史，已展現出與日俱
增之自我戲劇化（self-dramatization）的趨勢。

　　Mort（1998）在進行Soho區的研究時，曾經提出以
下問題：消費究竟是一般化抑或特殊化的東西？在過
去，將消費視為文化變遷的動力（Harvey, 1989;
Featherstone, 1991; Bauman, 1992; Carter et al., 1993;
McRobbie, 1994; Pile & Thrift, 1995）。過去的這種說法
過於抽象化，消費被虛飾成為一個綜合式的用語。所
以，經濟學家Ben Fine（1993）才會認為，這種消費的
一般化理論（general theory）就如同Holy Grail 一樣巧

妙地逃避過去。人類學家 Daniel Miller（1995）亦同樣懷疑一般化理論，因為當消費變成是像人類學中的親屬關係到處存在時，像這樣一般化的生產價值就被限制得狹小了。因此，Fine 的研究途徑於是朝向特殊化（particularity），值得在此敘述。

　　Fine 首先區別消費的「水平」觀點與「垂直」分析模式的差別（Fine, 1993）。水平觀點涉及到消費分析的其他目的，包括Veblen社會學的地位競爭／仿效、社會人類學中的儀式概念與商品的象徵功能，以及由心理學衍生出來的消費者認同。而它的問題與困境是在於像這種外部的（無關係的）理論被放在消費網絡上，是為了闡明一般化的因素，而這些因素是會被應用到社會與消費領域之中。相反地，Fine 提出垂直式分析。所謂垂直式分析，目的在於檢驗商品特定的鏈結關係，它將生產、流通分配、行銷等元素以及圍繞在這些元素周圍的物質文化加以關連起來（Fine, 1993）。此時，空間（space）乃被一種經由專業的與商業的知識——包括廣告、行銷、零售等（這些會形塑出商品）所證實的分析加以建造起來。更甚的，這種研究途徑探討了在特定涵構下商品的象徵意義以及它們對於具有認同感的消費者群體的影響。因此，如果區分不同

類型的商品之間以及形塑它們流通的各種因素的差別，將使得跨市場部門的有意義比較得以進行。同時，他也鼓勵對歷史變遷作更精細的瞭解，這將比起消費者革命的概念所引發的討論來得精細。但是，此一觀點目前仍無法充分地經由特定商品鏈的觀念來分析這些性商業（sexual commerce）的形式（如同性戀、賣淫）。如同Glennie與Thrift（1993）主張的，對商品網絡進行過度細緻瞭解的困難在於，不論在物質與象徵的意義上，消費鏈都是有漏洞的。Mort認為，許多橫跨不同需求循環的互動以及這些現象與消費領域之外的其他論述之間的互動是存在的。更清楚的，強有力的證據說明了：消費者本身不會將他們參與到市場認為是一項獨立的活動。購物的儀式、性的商品化，是會與他們從社會行動——尤其是日常生活層次的其他領域找到的意義互相牴觸。所以，從任一有限的時間裡，只當作是不同消費鏈的聚集來瞭解消費，這是不夠充分的。消費行為幾乎不可避免地必須在更寬廣的社會與文化的歷史中來掌握才行。

　　有鑑於此，Mort乃強調消費網絡的延伸特性，若要探討在特定環境中的消費，許多相互關連的東西就變得明顯，研究Soho區的目的即在於探討在特定的場所

中，空間與特定的消費型態之間的關連。

　　近年來，有關消費地理的回顧，包括：Peter Jackson與Nigel Thrift（1995）注意到消費研究與空間隱喻之間的複雜性（中心／邊緣、公／私地方、看見／看不見）〔參見羅鋼與王中忱（2003）〕。Glennie與Thrift（1992）延伸了消費－空間成對的觀念，討論二十世紀晚期消費系統被特定的空間安排所界定出來，在這當中，商品的購買與流通乃被賦予地方化與更全球化的意義之中。David Harvey（1989）則將消費－空間的相互關連當做是後現代性中的時－空關係的一種界定來加以進行哲學上的探討。因爲長久以來，地理界對於特殊、特定領域的探討太過貧乏，故必須注意到時－空關係上的理論問題才行。

　　Mort（1996）曾經說過：我作爲一個消費的歷史學家，我與人文地理學的對話，卻被Harvey所攻擊的這些特徵刺激而來，易言之，藉由地理學強調的地方意義、場所與涵構來進行探討。部分原因是來自於逐漸對消費的一般化理論的不滿意，另一部分原因是受到文化理論的鼓舞，該理論強迫針對現代式歷史地理之巨型的大（歷史）故事進行重新思考，必須轉向更地方化的微觀研究（localised micro-studies）。許多這方面

的歷史計畫均指出消費在特定都市場所中的研究，是有其必要（Chauncey, 1994; Sennett, 1994; Walkowitz, 1994; Nava, 1996）。

如何將這些觀點應用在倫敦呢？倫敦成為第一個世界城市，有人認為不能把它看做是一個單一實體，因為全國、國際的財富與權力不斷地落在倫敦身上，密集而地方化的鄰里社區也聚集在倫敦中。Soho就表現出這樣一個全球與地方相互關連之情形的研究，也是資本與文化在一個緊密的地方場所進行大規模移動的研究。Soho的重要性在於，經過歷史沉澱的社會空間型態，能夠結構起當代的發展。Soho闡明了：消費實踐的空間向度如何建構一個用來解釋城市的文法，它是一個快樂的、五光十色的、同性戀的社區，它也是一個融合了觀光旅遊、食物、流行文化、法國－義大利混合版咖啡文化的社會於一體的社區。

Jayne（2005）在他所寫的*Cities and Consumption*一書中，主張都市發展與消費之間具有互相且動態的關係。在一基本概念下，他企圖尋求究竟城市是如何被消費所形塑，而消費又如何被城市所形塑？針對此一議題的探索，乃成為M. Jayne寫這本書的動機所在。他認為，消費占領了人們日常生活的不同領域：公與私

領域之間、政治與個人之間、個人與社會之間，因
此，消費被認為是一種社會變遷的手段與動力，而且
也是一種空間與地方建構的積極性元素，更是建構主
體性與社會自我的重要因素。總之，對M. Jayne來說，
消費被理解為是一個具有政治、經濟與文化試金石的
多重角色，而且消費在城市形態中的表現也是最明顯
的。由此可見，M. Jayne非常肯定消費與都市之間的緊
密關係，值得我們深思。

　　有關這一方面的觀念，我們可以看到Foucault、de
Certeau、Mort三人觀念的演變。

1.Michel Foucault

　　Mort（1996）認為，Foucault的權力特殊性模型及
其內在性與不能復歸性，提供了將消費加以理論化的
另一替代方法。Foucault主張，權力關係並不是外在於
其他的關係型態（如經濟過程、知識關係、性關係），
而是與生俱有存在後者之中的東西（Foucault, 1979;
Nava, 1987）。在Foucault的觀點下，我們認為：消費領
域的權力關係，不僅是其他網絡的反映或媒介，它們
亦同時被整合至以下這個領域之中──這個領域的知
識與策略的產物、關連性及社會運動、抵抗與經驗形
成。

　　然而，Foucault 並沒有將他的觀點應用到有關市場
為基礎的互動之零散的權力考古學中。他的主要目標
在於當代的行政管理（政府）結構與社會之間的關
連。縱使如此，傅柯式的觀點仍能夠有助於建構一個
消費城市的圖像，足以抓住都市空間的多元細分與不
平衡。社會空間是一個在人們參與當代消費形式時積
極的要素。種族、階級的構成，如同性別、性一樣，
都是在城市生活的地理中被形成，它們不僅是社會結
構的被動反映，這些當代城市中的區分，更進一步地
對它的居民產生意義，在官方非官方的繪圖（maps）
中將權力編碼成為一種社會空間。自19世紀中期倫敦
的歷史即是如此，東端 —— 西端，內城 —— 郊區，即
是社會階級的地圖。

2.Michel de Certeau

　　de Certeau 的空間化型態（type of spatialising）被
描述成一種策略性的繪圖。他對都市空間的研究途徑
是一種「反訓練」（anti-discipline）的計畫。他的目標
不在於闡明社會規範的技術層面，而在於強調「弱者
利用強者」的巧妙方法（de Certeau, 1988）。換言之，
這種反抗正規訓練的用詞，即成為日常生活實踐的一
部分。他主張，在空間中的消費者是一群在日常活動

舞台中帶有批判角色的實踐者。在他的觀點敘述中，
都市社會消費者是居先的反抗者（priori resistant），對
抗城市格子狀計畫的功能理性——那些被官僚與行政
管理部門所強加的。消費者是一群「表現自己行為的
詩人」，他們創造空間，而並不會完全被經訓練的技術
所控制（de Certeau, 1988）。他用來瞭解消費者活動的
一項重要部分是他們在都市環境中的空間移動，如行
走韻律、地方網絡、漫遊活動——這些也會產生巧妙
的消費邏輯。這種空間概念是非常的底層而扎根的
（down below）。他對於都市文本的瞭解比較少關於以正
式敘述而來的繪圖，因為對於路徑、大街的調查，可
能會遺漏重要的事情——例如當消費者走路、漫遊或
逛櫥窗時所做的行為。所以，Mort 說，此一強調點說明
了：消費空間可以做為人類創造力與行動的場所。

　　但是，de Certeau 對於所謂正規訓練現象——即消
費者反抗東西的了解，留下了模糊與不可思議的部
分。因為，在 de Certeau 的著作中，不同的時候，權力
是受到理性的啟蒙計畫而引起的，而作為都市資本主
義加到人們身上之物，或只是作為對生活在城市中的
一種壓迫（Harvey, 1989）。因此，Mort 認為，我們需要
一個消費的民族誌學。

3.Frank Mort

　　所謂消費的民族誌研究，即將觀點轉向認同與地方
之間的關係上，這是消費城市正式繪圖方法所無法提
供的。欲瞭解認同－地方成對關係，可以從當代 Soho
區的研究中尋找。民族誌學的研究將把焦點放在：在
空間中的消費是在自我瞭解（self-understanding）或自
我戲劇化（self-dramatisation）的層次中執行的，經由
年輕人參與流行城市生活的各種儀式中得到的個人聲
明來執行。這種個人傳記向度的重要性，並不是因為
它提供一個更真實的消費主義的考量，而是個人自我
肯定（personal affirmation）是重要的，因為它引介了
一個不同的分析方法，它提供一個可以探索男子氣概
內在性，以及發現特定空間環境中如何以特定的方法
去形塑主體性的機會。

第二節 國內外與本計畫研究地區商店街的研究情形

一、商店街的起源與發展

「說文解字」記載：「街，四通道也，從行、圭聲」。凡四通之大路，平坦堅實者曰街，有交會、寬廣之意。至漢代、唐代實行里坊制，由街圍劃成之區塊，為街坊、街里，有鄰里之含意。由此可知，街道是傳統城市重要的一環，也成為里民的生活空間。中國最早的商業場所起源於市集、墟場，北宋後，出現許多中小型城市，城市布局也有所改變，市場不再侷限於特定地區，商店之設立完全開放，傳統集中點狀的「市」轉變成沿街巷開設的商舖，形成商業區。商業街坊在宋代是一轉捩點，不但成為商品貨物積聚的市街，城市景觀也隨之改變。

在西方城市的設計上，街道空間的設計基本上是要能夠發揮四項功能：連接不同地點、作為穿越空間，

作為組構城市不同空間的框架，作為使用者認知實質環境的參考指標，作為城市的社會空間（social space）。例如，法國路易十四時代巴黎市街規劃，其放射狀的市街系統，表現了無止盡向外延伸的要求，同樣的，法國建築師 L'Enfant所設計之華盛頓特區，為格子狀與放射狀市街系統重疊之典範，將重要建築連繫起來，即是明證。

　　王振英、李副諒（1985）在「古台南市街坊形成與發展之研究」中，發現府城係以民權大街為核心，逐漸發展出與之交叉之多條專業街，歷經清代的發展，形成街路大半呈現平行走向，東西軸線比南北軸線來得活潑與頻繁。研究指出，這些街道系統不但成為府城聯外道路，同時也連接了官署、書院、寺廟、市場、港道等重要公共建築與地區。柯俊成在其碩士論文「台南（府城）大街空間變遷之研究（1624-1945）」中，以歷史分期的方式針對府城大街空間的形成、發展、轉化與變遷，進行較詳盡的記錄與分析。

二、現代商店街的定義與發展

　　「商店街」是商店與街道的結合，亦有人認為是日

文 "shyotengai" 音譯而來。此類商業街區各店與各店之間，如果商品的主題一致性較高時，極易形成強烈的風格，而讓消費者依照其「招牌特色」與「販售商品」冠以商店街之名稱。例如台北市的永康小吃街、台中精緻文化的精明一街、高雄的家俱街等等，當消費者提到某某區位時，心中已經聯想到它的空間特色與販售的商品文化。

對於商店街的定義，各學者之間的看法大同小異，現舉例如下：有人認為「經由不同商業機能的商店或商場，聚集在特定環境，提供各式各樣的服務功能，滿足多元化的生活需求，進而產生新的生活文化和社會經濟」。另有人認為「多數店舖聚集在一起的商業聚集體，無論它是屬於自然形成或規劃形成的，其業態主要是限定小規模、小型零售業與服務業，但是業種並沒有特定的限制；商店街是結合商業、行政、地區住民，所以商店街的經營理念，除了強調滿足商圈內消費者的便利性、舒適性之外，亦強調生活上各種需求的滿足」。又有人認為，國內現有的商店街幾乎屬於自然形成的方式，似乎是處在自生自滅的狀態，因此主張「現代化經營的商店街應該如下：商業活動是經過有組織的聚集化，讓各個經營個體在某一街區裡

面，為了整體共同繁榮的目標，進行個體化的營運，共同創造其所在商圈的商機，並且帶動人潮」。我個人則認為「商店街」雖然是消費市場供需所產生的業態，但是其本質上是結合了購物逛街、休閒娛樂、商品與生活資訊的情報交流、消費空間環境與生活文化的「生活交流廣場」，易言之，一種結合休閒文化兼具消費及生活文化的商店街潮流已逐漸興起。而在這場所中，其業態、業種的組合是包羅萬象的，但前提都是以滿足消費者的需求為主。

　　零售業者大都沿著街道的兩側設立店舖而形成商店街，其中涵蓋大型、中型、小型的零售業者，而這其中除了不同的業種之外，更有不同的業態、業者加入消費市場大餅的瓜分。但是，商店街的政策若以較整體的層面來分析的話，其實就是零售商業政策。而由於目前商店街零售業大都以中、小型店舖為大宗，所以其販售型態仍然不脫離其原始狀況，例如，販賣場所以一樓店舖為主，以沿街面的商店設計招牌為招來顧客的手法。李孟熹（1990）將商店街的發展分為七個階段，每一階段在業種的組成上有所不同。在第一、第二階段的商店街以「日常便利品」系統的商品（包含食品、日用品）為主，在第三、第四、第五階段

的商店街則加入「選購品、專門品」系統的商品，而進入最後的第六、第七階段，則是出現以「綜合性」系統的商品與服務爲主。翁俊雄（1990）在〈商店街的形成與發展〉乙文中提到，商店街的發展，常因周遭環境的不同，而形成各具特色的街文化。他主張商店街的研究，除了考量人潮的消費文化、交通網路、人潮特性之外，更要進一步去了解商店的文化特質以及商店街的表情。

　　消費者在進行消費活動時，就會帶動產生所謂的商業活動，而商業活動則包含了商品及勞務的供應與區位的決定、消費者對於商業空間所做的選擇以及所發生的消費。從古至今，消費活動帶動了人與人之間的交流，因此在人們的社會中就衍生了商業空間。這些商業空間從最早時候，皆曾經存在於每個都市中的市集活動，也許是利用集會的廣場或空地來舉辦固定週期的消費或販賣，等到人們群居形成較大聚落時，則利用其街道空間或沿線的建築物，形成線性形狀的商業街道。商業活動發展至今日，從小規模的商業街慢慢延伸發展到塊狀分布或面狀發展，就形成了所謂的商圈，而隨著建築技街的發達與營業規模的需求，更有大型的購物中心或大賣場出現。而上述商業空間的

改變，不但反映了場所的改變，也反映出大眾消費型
態的改變。從最基本滿足民生需求（食衣的需求在市
集發生），到後來更包含了娛樂休閒的功能（在商店街
發生娛樂休閒的行為），因此，商業空間不僅是單純的
買方與賣方發生交易的場所，而更應該是具有強烈的
社會價值與娛樂休閒的條件。

　　不過，現今台灣商店街的發展已經面臨了一些瓶
頸，例如，很多的商店街發展已經成型，對外來客層
而言已經累積知名度，所以會比較容易吸引人潮。但
是，人潮雖然是商店街賴以生存的基點，過多的看熱
鬧人潮未必真的能為商店街的商家帶進實際且直接的
利益，可能反而會有因為過多人潮而降低服務品質的
可能，而且人潮過多所帶來的環境破壞與髒亂，也是
一項商店街的致命傷。因此，在太過與不及之間，商
店街的發展方向與型態的控制，是另一項規劃技街層
面上的問題。另外的問題即是國內商店街業者，仍存
在有部分散戶商店自掃門前雪的心態，缺乏組織與認
同感。例如，在騎樓擺放禁止停車的盆景，加大、加
高自己的招牌來突顯自己本身的商店，如此一來破壞
整個商店街的意象；居民與商店之間普遍缺乏自發性
的街區組合；或者是商店承租戶與屋主之間的租金問

題，導致沿街的商店總是經常的開開關關，而不斷的
更換業種，而這些商店業種與地緣、歷史文化、社區
之間關係薄弱，使得商店經營者無法對地方、鄰里社
區產生認同感，這對商店街的推動與發展也是一種阻
礙。因此，台灣未來商店街的發展構想應該具備以下
條件：諸如強化商圈區位特色並且強化各商圈的特殊
業種及業種聚集；商業空間必須配合人行逛選動線與
休憩設施，使商業活動具有舒適感與連續性；商業活
動結合觀光產業發展等，這些構想都是值得重視的。

三、研究地區四條商店街之研究情形

(一) 台南延平街

　　在安平聚落及舊街區方面的研究上，主要有曾國恩
（1978）、蔡忠志（1989）、楊一志（2000）、王明蘅與
姜渝生（2001）、魏英滿（2001）等人的研究成果。這
些研究皆是以聚落及舊街區的發展歷史及空間變遷為
探討對象，而非商店街，較未直接涉及商店街商業活
動之探討。

　　赤崁文史工作室（2001）在接受台南市政府委託

「台南市安平區古聚落文化產業社區總體營造計畫——以延平街及周邊為主要實施範圍」計畫中，曾經針對延平街的社區及文化產業、商店、空間資源進行調查，也針對延平街遊客進行問卷調查與分析。這可說是一本直接有探討到延平街商店街商業活動的規劃報告，但因只做靜態的商店活動的訪談紀錄以及遊客對延平街或安平的商業環境的評價，故與本計畫的研究目的與理論基礎尚有一段距離，本計畫則涵蓋了較多的層面進行探討。

　　本人在執行九十年度行政院國科會專題研究計畫（計畫編號：NSC90-2415-H-024-001-SSS）中，針對安平路零售商店街進行消費文化環境調查以及消費者（以遊客為主）的消費空間經驗之調查與分析，並利用Shields的「社會空間化」觀念與新零售文化地理的觀點為切入點，針對遊客的消費活動、對消費空間的體驗以及商店街之文化與空間的轉型，進行分析與解釋。該研究得到主要結論如下（陳坤宏，2002c，2003；Chen，2003，2004a）：

　　1.在地方／都市的內在因素上，近年來隨著台南市對外所做的都市行銷重點放在安平以來，安平路商店街在空間形式、功能與意義上，均有明顯的轉變，諸

如遊戲空間、集體作夢與幻想、展現空間生活、建立新的集體地方感、以及充分表現出空間實踐與場所、群眾實踐三者之間關係等，在在說明了安平路商店街已超越單純的購物天堂，而延伸至較寬廣的社會性觀點的分析。

　　2.在全球化的外在因素上，近年來，安平路商店街消費者所表現出來的空間性格調，係因爲後現代社會下商店街這種遊戲空間的曖昧不明及商店街刺激所謂的「他處感」（如異國風味）以鼓勵消費、消費者的想像地理空間的投射、以及Jameson、Urry、Benjamin、Lyotard、Giddens等人所主張的商店街使用者之空間實踐已不受商店街之「理性、工具性」計畫（如形象商圈計畫、統一店面招牌等）之限制等因素，所共同造成的後現代效應。尤其是商店街異國風味的店面設計所營造出來的「他處感」以及消費者想像地理空間的反應，最具安平路消費地景的特殊性，在台灣其他各地的消費空間，較不多見。所以，發生在安平路商店街上諸如購物、品嚐小吃、休閒、旅遊、文化活動、乃至背後的家庭、兩性權力關係……等等多元文化活動與意義的展現，正是符合後現代社會所強調的差異化與多元性的主張，這也正是「新的零售文化地理」

研究的焦點所在。

3.在安平路商店街的調查中，我們亦發現安平路上的古蹟、廟宇與商店活動的結合，營造出一種嘉年華式的熱鬧氣氛，如同Bakhtin所說的「消費社群」，這也可以由所謂「後旅遊者」或「後購物者」基於不受理性束縛的「逃避價值」使然所形成的特殊地方文化地景，加上安平路小吃美食的文化象徵性，構成了安平路一項非常顯著的街道文化，吸引大量都會區中產階級的消費者前來旅遊及消費，一夕之間，這種觀光旅遊層面的「仕紳化」現象在位處邊緣的安平區（例如安平路）發生，也是一種特殊的地方文化地理，值得成為未來新的零售文化地理研究的主題。

另外，本人在執行九十二年度行政院國科會專題研究計畫（計畫編號：NSC92 ─ 2415 ─ H ─ 024 ─ 001 ─SSS）時，即以「都市傳統商店街空間轉型與社區空間結構關係之研究 ── 台南市安平區延平街、古堡街、安平路之個案研究」為計畫名稱，進行經驗調查與分析。該研究得到的初步結果如下（陳坤宏，2004；Chen, 2004b）：

1.在「社會空間化」方面，商店業種的變化情形是這樣的：經本計畫實地商店街調查以及配合台南市政

府建設局所提供的商店報表資料，若以安平區商業活動蓬勃發展的民國八十四年為分界點，扣除「未知年代」的店家，延平街、古堡街、安平路三條商店街，在八十四年前與八十四年後設立的家數分別是：十四家與十三家、十一家與五家、四十六家與四十四家。由此可知，除古堡街外，延平街與安平路上的商店設立時間，幾乎有一半是在民國八十四年之後。而且，不少可反映安平地方文化特色的業種，也都在民國八十四年之後設立，包括蝦餅店、蜜餞行、工藝品店、紀念品店、劍獅地方文化館、文史工作室等。在消費者的社經屬性上，經本計畫所進行的隨機性問卷調查有效樣本共三百份的統計結果得知，目前這三條商店街的消費者是以年輕學生與低白領上班族兩個族群最為主要，分別占42.5％與32.2％，其次是中高年齡層的高白領上班族、中產階級、自由業者此一族群，占20.8％，而中高年齡層的退休無職業或其他職業者，則占少數。由此可見，經過最近幾年商業活動的發展，此三條商店街已經有朝向集中在少數特定消費族群的現象，值得注意。

　　2.在「傳統商店街與社區空間結構之間關係」方面，經本計畫所進行的隨機性問卷調查有效樣本消費

者共兩百九十九份以及當地居民共兩百四十六份的統
計結果知，當這三條商店街的消費者被問到「此三條
商店街在社區中扮演何種新的角色與功能」時，在勾
選1至3項情形下，回答頻率高低依序是「新的商業中
心」（26.4％）、「成為高層級的市鎮中心」（23.5％）、
「一個新的且會擴張的城鎮中心」（22.4％）、「新的社
區活動中心」（20.4％），而回答「沒有改變」者則僅占
5.1％。由此看出，在絕大多數的消費者心目中，此三
條商店街的確與過去不一樣，因為受到商業活動、文
化觀光與古蹟旅遊的衝擊，現在它們在安平社區空間
中都扮演了新的角色與功能。另外，當這三條商店街
的消費者被問到「此三條商店街的消費活動及商業空
間結構分布，將對安平社區空間結構產生什麼影響」
時，在勾選1至3項情形下，回答頻率高低依序是「強
化安平地方感及社會認同」（30.5％）、「不僅是商業空
間，更是一處社會空間」（29.5％）、「一處新興的文化
中心」（28.0％）、「一個外國人喜歡來逛街的地方」
（11.2％）。由以上消費者回答的答案，我們可以初步證
實「目前這三條商店街的消費活動及商業空間結構分
佈，對安平社區空間結構是會產生影響的」此一觀
點。

　　當安平居民被問到「此三條商店街的消費活動及商業空間結構分佈，對安平社區整體空間結構產生了什麼影響」時，在勾選1至3項，並且以勾選各選項與否來計算之情形下，回答次數多寡依序是「不僅是商業空間，更是一處結合多元活動的社會空間」（138次，占56.1％）、「強化安平地方感及社會認同」（131次，占53.3％）、「增添異國風味，能吸引外國人喜歡前來逛街，具有全球消費潛力的地方」（116次，占47.2％）、「成為一處新興的文化中心，具有地方感與產品多元化，歷經全球與地方文化實踐的地方」（107次，占43.5％）、「其他」（16次，占6.5％）。由以上安平居民回答的答案，我們可以證實「目前這三條商店街的消費活動及商業空間結構分佈，對安平社區整體空間結構已經產生了影響」此一觀點。只是此題安平居民的回答與這三條商店街的消費者比較之下，他們在回答對社區空間結構產生影響的結果是有些不同。這是因為文化觀光地區居民與外來遊客在空間認同及環境經驗上的差異的緣故。

　　另外，當安平居民被問到「近年來此三條商店街在社區中扮演何種新的角色與功能」時，同樣在勾選1至3項，並且以勾選各選項與否來計算之情形下，回答次

數最多的是「成爲安平區一個新的商業中心」（184
次，占74.8％），遠超過其他選項。其次是「成爲台南
市一個新的且會擴張的市鎮中心」（93次，占37.8％）、
「成爲台南市一個高層級的市鎮中心，結合社區生態、
旅遊娛樂、購物、社會認同於一體」（84次，占34.1
％）、「成爲安平區一個新的社區活動中心」（65次，
占26.4％）三者。而回答「沒有改變」者只有13次（占
5.3％），「其他」亦極少（14次，占5.7％）。由此看
出，在絕大多數的安平居民心目中，此三條商店街的
確與過去（係指民國八十四年延平街拓寬之前）不一
樣，因爲受到近年來商業活動、文化觀光與古蹟旅遊
的衝擊，現在它們在安平社區空間中都扮演了新的角
色與功能，尤其是安平居民將它們視爲是安平區一個
新的商業中心，或者是台南市一個高層級的市鎮中
心，或者是台南市一個新的而且會擴張的市鎮中心，
這將是安平這三條傳統商店街空間轉型後在社區空間
中所扮演的新功能，對於安平社區空間結構開始具有
舉足輕重的地位，這正是本文的重大發現，值得重
視。前面所說近年來安平這三條商店街在安平社區空
間中所扮演的新角色，可說是商店街的「客觀條件」，
只有客觀條件是不夠的，必須再加上商店街的「主觀

條件」，才屬完整，所以，安平居民對於這三條商店街
的主觀認定，乃變得重要。

　　當安平居民被問到「您通常會如何看待這三條商店
街」時，在勾選1至3項，並且以勾選各選項與否來計
算之情形下，回答次數最多的是「足以令人產生想像
地理、他類空間的地方」（156次，占63.4％），遠超過
其他選項。其次是「可以滿足個人日常生活、自我了
解的空間，而且是一個很有趣的地方」（92次，占37.4
％）、「會讓我產生認同歸屬的地方」（72次，占29.3
％）；而「可以讓我發揮創作靈感或其他創意的地方」
（47次，占19.1％）、「可以讓我暫時反理性、反常規、
不必在乎太多規定、自我解放、自我戲劇化的地方」
（41次，占16.7％）、「其他」（22次，占8.9％）三項則
較少。由此可知，安平居民會回答所謂「令人產生想
像地理、他類空間的地方」、「一個很有趣的地方」之
類的答案，很明顯的是與前面這三條商店街對安平社
區空間結構之影響中的「增添異國的風味」與「不僅
是商業空間，更是一處社會空間」二項答案，具有關
連性；而「讓我產生認同歸屬的地方」則與「強化安
平地方感及社會認同」有關連；「可以讓我發揮創作
靈感或其他創意的地方」與「可以讓我暫時反理性、

反常規、不必在乎太多規定、自我解放、自我戲劇化
的地方」，則與「一處新興的文化中心，歷經全球與地
方文化實踐的地方」有關連。

　　3.在「安平居民對延平街、古堡街、安平路的商業
活動及文化觀光在當地社區所造成的衝擊態度」方
面，本研究中，採用G. J. Ashworth（1992）、M.
Haywood（1992）、Van der Borg（1992）、等學者所主
張的「都市觀光與社區生活及空間之間的協調與合而
為一」的觀點，將都市觀光衝擊分為經濟、社會、文
化、實質環境／生態，以及一般的認知等五種類型，
經由安平當地居民基於此三條傳統商店街與鄰近的古
蹟之文化觀光活動所帶來的衝擊程度加以評價，經本
計畫所進行的隨機性問卷調查有效樣本共二〇六份的
統計結果，初步得到以下五點結論：

　　（1）該研究顯示，安平當地居民對於文化觀光所帶
來的衝擊態度是正面多於負面。很清楚的，安平社區
居民在社會、文化、實質環境／生態層面的衝擊，是
有較高的負面反映，此一發現與國外學者如Pizam
（1978）、Thomason et al.（1979）、Belisle與 Hoy
（1980）、Liu與Var（1986）等人的研究結果是相同的。

　　（2）然而，該研究在都市地區的研究發現，與其他

的相關研究是有些矛盾的。大部分都市觀光領域的研究，都得到共同的結論是：當地社區居民對於經濟衝擊的態度是正面的（例如Pizam, 1978; Rothman, 1978; Thomason et al., 1979; Boissevain, 1979; Liu與Var, 1986）。而只有少數的經驗研究證據反駁此一結論（例如 Bryden, 1973），另外，Belisle與 Hoy（1980）在哥倫比亞的研究報告亦指出非常負面的經濟衝擊結果。在目前的這個研究中，我們主張，雖然安平居民對經濟衝擊的正面認知是可以被接受的，但是，在該研究中有關觀光旅遊帶給安平正面經濟衝擊的具體證據，仍然是不夠的。站在居民個人的層次來看，當和過去的安平尚未發展觀光活動比較起來，他們會表現出一種「直覺的」反應，那就是：觀光旅遊對於經濟層面的衝擊是正面的。

（3）在實質環境／生態層面的衝擊方面，該研究結果顯示出，都市地區在環境衝擊上是被認為較具有忍受力的，而且也比較能夠吸收由於觀光旅遊所帶來的各種變遷。事實上，如何克服社區環境遭受到破壞的問題，我們是需要一套教育居民如何去使用與愛護社區空間的策略才行。安平居民對於若干環境的衝擊態度是負面的，例如在社區環境雜亂、交通擁擠、安平

海邊運河溪流變得更污染等三個問題上，居民大都抱
持負面的看法。另外，在社區實質空間的競爭使用
上，居民的態度也是負面的。例如，有些居民（23.8％）
相信觀光客的存在，使得他們的購物變的較不愉快，
而37.9％的居民抱持中立的看法。由此可知，對有些居
民來說，社區空間的競爭已成為一種購物經驗品質的
課題。基於此一結果，本人很可能將會認為，在未
來，有些安平居民將不會支持市政府提出的大量吸引
觀光客到安平的政策，相反的，比較會去支持一種限
制觀光客數量的政策。然而，目前有69.5％的安平居民
表示，仍然歡迎前來安平的觀光客。如果我們以Doxey
的「刺激煩惱模型」（irritation irridex）來解釋，目前在
安平的研究發現剛好是介於「漠不關心」與「煩惱」
之間的階段，比較接近中間的階段（Doxey, 1975）。此
一證據顯示出，因為目前安平正處於「漠不關心」與
「煩惱」階段，所以造成有些居民會覺得目前的觀光發
展程度不應該無限制的擴張下去。

　　（4）我們認為，該研究的發現將會促使安平區公所
與台南市政府去尋求一種與觀光業互相結合發展的政
策，以供未來都市發展的可能策略。其中的一種策略
將會是在不強調增加觀光客的前提下來發展觀光。例

如，企圖將安平行銷並提升作爲一種小型休憩－長期
逗留的週末型旅遊地區，而非只是一天之內的旅遊地
而已。另外一個重要的課題也是安平區公所與台南市
政府必須要去面對的，那就是：目前雖然有一半的居
民認知到安平地區性的觀光業帶來一些好處，不論是
經濟上或是其他方面，那是因爲這些人覺察到它的價
值；但是，很明顯的，仍然有將近一半的居民並沒有
這樣的認知，尤其在個人的層次上，這是因爲這些人
並未直接參與觀光業（就業或其他方式）的緣故。由
此可以清楚看出，如果想要得到安平居民對觀光旅遊
活動更多正面反應的話，那麼，觀光業的價值就必須
向居民加以強調，並獲得居民的認同，而不僅僅是安
平區公所與台南市政府認同而已，這是非常重要的一
點。有關觀光教育課程的重要性如何在地方上落實，
在國外已有學者探討（例如Milman與Pizam, 1988;
Davis et al., 1988）。

　　（5）最後，這個探索性的研究結果顯示，安平居民
在都市中心地區對於大多數的觀光衝擊指標的反應程
度，是與在鄉村地區或低度發展地區不相同的。如果
沒有在該研究進行分析的話，也就無法得到此一結
果。因此，目前該研究所操作的研究途徑，是有它的

價值與意義的。

（二）澎湖中央街

　　截至目前為止，根據本人所進行的有關澎湖中央街的消費活動及商業空間的研究，可說是付之闕如，只有少數散見於專書、網路資料的介紹。例如，根據澎湖縣政府的考證（2003），澎湖縣馬公地區最古老的街道，就是中央街。在元代已有人居住，經學者考證是全台最早的漢人聚落。中央街的信仰中心——澎湖開台天后宮，建於西元1592年，由此判斷中央街早在四百一十多年前就已形成聚落，歷史比台南第一街延平街還早，堪稱「台澎第一古街」。

　　走入澎湖第一古街中央街不同時代交錯層疊的氛圍，忽而明代古剎，忽而清朝極盛的商業市街、會館，現代海島度假氣氛濃郁的個性小店，又以斑斕繽紛的色彩，調皮地讓這巷弄趣味十足。中央里的中央街是這個地區最早形成的街肆，原有頂街與下街之分，以媽祖宮東邊橫巷為界，下街、頂街二段在元朝稍早已有人居住。根據當地人的考據，中央里面臨馬公港，港口附近有水源，其後又有一塊高地可以避風，居民就以四眼井為中心；後來人漸漸多了，就以

萬軍井為中心，往下街發展。今之水仙宮一帶為當時的商業中心，酒米舖、打石舖、打鐵館、油舖等商店林立，熱鬧一時。早年的媽宮，不僅是民間的信仰中心，也是繁榮的市集。據傳，乾隆年間媽宮有所謂的「七街一市」，七街涵蓋範圍大部分是在今日的中央里，其中，當年商業最活絡的「大井頭街」，即是現今的中央街，一市則指媽祖宮前的魚市、菜市，昔時人來人往，叫聲喝道，十足農業社會景觀。光緒年間的街市除了原來的七街一市外，另增三條街，繁華仍不出天后宮周遭的中央里。日據時代將「媽宮」改名「馬公」沿用至今，商業仍以天后宮為核心。光復後，馬公的商業活動逐漸東移，以市公所為中心形成新的商業區。現在的中央街，已被規劃成一個觀光的街道，每年夏天，相關單位都會在此地辦理一些熱熱鬧鬧的藝文活動，觀光客來往穿梭於其間，別有一種活潑的風情。

　　另外，可能與中央街一帶的消費活動及商業空間研究會有直接關連的觀光節慶的研究，近年來有少數幾篇，例如倪進城（2001）在〈澎湖觀光空間形塑之外在作用力分析〉乙文中，即從地理環境的機會與限制、公部門觀光發展因子、私部門觀光發展因子三大

作用力，進行影響澎湖觀光空間的分析，並且提出形塑今日澎湖觀光空間的六項特質，其中，在提供多元化旅遊的觀光空間、資源全面整備的觀光空間、觀光掛靠在本島生存的依附空間等特質上，均可發現當地歷史文化觀光、傳統商店街消費文化這一類的元素，可見中央街一帶目前已發展成一處明顯地結合了消費文化、商業活動、社區生活與觀光旅遊於一體的地區，因此，非常符合本研究計畫的主題。陳元陽、李明儒、陳宏斌（2003）在〈觀光服務業者對舉辦節慶活動態度之研究 —— 以澎湖2000觀光年為例〉乙文中，雖然是以觀光服務業者為調查對象，但對於舉辦節慶活動態度反應的問卷題項，卻有一大部分來自與澎湖在地的文化與生態旅遊有密切關連的商業活動（諸如住宿、餐飲、小吃特產、老街、古蹟等），乃因它融合了「七街一市」與多處國家級古蹟，包括澎湖天后宮（一級）、媽宮古城（二級）、施公祠（三級）、萬軍井（三級）、四眼井（三級）、水仙宮（三級）、會館（大伙房），以及多家著名的特產小吃店，雖然，由於馬公的都市計畫區域不斷向外圍發展，市街商業活動的範圍也逐漸由天后宮中央街一帶，向東北方移動。但是，目前的中央街一帶仍然是澎湖一個最典型

結合文化、觀光與消費於一身的地區，故值得進一步
針對它的消費文化與空間關係進行研究。

（三）金門模範街

　　同樣的，截至目前為止，根據本人所進行的有關金
門模範街的消費活動及商業空間的研究，亦是付之闕
如，只有少數散見於專書、網路資料的介紹。根據金
門縣政府的網站報導（2003），金門模範街是金門現在
最具特色的古老街道，位於金城鎮金城車站後面，原
名自強街，是金門保存最完整的老街之一，因為此街
表現出先民為生活奮鬥的精神，故改名為「模範街」。
明朝此地為訓練陸軍之內校場，民國十四年由金門商
會傅錫琪會長向僑界集資，興建這一條具有日本大正
時代建築風格的街道，全長約二百公尺，由三十二間
單拱拱圈連廊式洋樓店屋所組成，橫、直街呈丁字形
排列，並在街口開闢一處日語稱為「把剎」（外來語
BAZAR，市場之意）的市場，與街上的店家相互輝
映，形成熱鬧市集，曾經是居民經濟與政治的重心，
民國五十年代是模範街最繁榮的全盛時期，成為戰地
金門最繁榮的街肆。根據沈文台（2002）的說法，近
年來受到商業重心向邊緣轉移的影響，不少店家停止

營業。

　　模範街位於著名的金城商圈，目前政府部門在該商圈即以模範街為振興發展的主軸，結合莒光路商店街、總兵署及BAZAR（舊市場）廣場，架構出獨具金門特色的文化商圈及離島商圈發展的新模式。近年來，在經濟部商業司的努力下，成立商圈發展協會，定期舉辦教育訓練，建立環境識別系統，製作導覽手冊等，將金城商圈塑造出金門縣最具代表性的金門風情。而且金城商圈建構的網站，不僅具有導覽功能，更能直接在網站上購買金門特色產品，實為一大創舉。更重要的，行政院文建院於2004年九月二十四日在模範街掛上「歷史建築新標章」牌，成為全國五個歷史建築示範點之一，頗為珍貴。

　　另外，可能與模範街一帶的消費活動及商業空間研究會有直接或間接關連的，比較屬於金門戰地觀光或金門文化產業領域的研究，近年來亦有若干篇，有些是探討金門居民對觀光開發的滿意度（例如李沛慶，1996；吳能惠，1997；李銓、林進財、張皆欣，2001）；有些是探討金門觀光客的消費行為、旅遊動機、滿意度（例如李沛慶，1994，1995）；有些則著重遊憩衝擊及使用管理策略（例如徐韶良，2003）；

有些則探討金門戰地觀光的意象與想像空間的體驗
（例如侯錦雄，1999）；近年來，Yang與 Hsing（2001）
以及陳榮昌（2003）則針對金門文化產業進行研究。
以上這些研究成果，與前述澎湖中央街相同的是，在
他們針對金門觀光旅遊、消費行為的態度與空間體驗
的研究上，乃至於探討金門文化產業的形成過程及其
發展結果中，我們一樣都可以看到：金門傳統商店街
的消費文化與活動這個元素，在近年來政府與民間推
動金門文化觀光旅遊的趨勢中，扮演了一個非常重要
的觸媒、中介乃至吸引觀光人潮的角色。由此可見，
模範街一帶目前也已發展成為一處結合了消費文化、
商業活動、社區生活與觀光旅遊於一體的地區，非常
符合本研究計畫的主題，故值得進一步針對它的消費
文化與空間關係進行研究。

（四）蘇州周莊鎮

　　根據本人所進行的文獻回顧結果得知，目前針對中
國大陸蘇州周莊鎮文化旅遊的研究或論述有三篇，包
括譚進與張建華（2000）、劉冀（2001）、趙宏禧
（2001）。在譚進與張建華的「江南旅遊」這一篇報導
中，討論了水鄉古鎮周莊、南潯在長久以來一直受到

政府與企業主忽視的豐富文化旅遊條件的命運，就像散落在地上的珍珠，如今在強調觀光旅遊經濟的時代裡，重新被人們拾獲且視爲至寶的經歷過程。劉冀則比較樂觀地從保存世界文化遺產的角度來看待江南水鄉古鎭的生態與文化資產的前景，滿懷著對世人展現驕傲的心情，他在其文章中介紹不少水鄉古鎭（包括周莊）的各項文化遺產（諸如湖泊、園林、名人故居、歷史典故、當地特產小吃、古蹟、歷史建築、寺塔、石碑……等），對於傳統老街、具有悠久歷史的商店、特產小吃以及遊客消費行爲，亦略有著墨，可供本研究計畫參考。而趙宏禧（2001）在台大城鄉所所提出的碩士論文題爲：中國大陸「文化旅遊」發展過程中的地方政府、企業與規劃者——以江南古鎭周莊爲例，堪稱是一篇有關周莊文化旅遊極爲詳盡的研究。該研究的主軸放置於中國大陸近代改革開放過程中，「文化旅遊」在文化逐漸復甦與旅遊輾轉成形下之面貌，並以經驗研究個案——江南古鎭周莊作爲案例，藉以釐清當中不同行動者的角色扮演，同時關注地方政府、旅遊企業與規劃者在相互影響、衝撞下，對於近代地方發展與變遷的政治經濟學分析。簡言之，該研究將凸顯個案所具有的普遍性與特殊性，藉

此說明此一小鎮在近代蘇南鄉鎮企業發展階段中的獨
特身世，如何影響其成為今日江南古鎮旅遊的佼佼
者，更在中國歷史遺產保護與旅遊產業發展中占有一
席之地，該研究亦以大篇幅討論地方政府內部、各級
政府之間，以及政、企關係的政經變遷過程，並以代
表性事件點作為論述對象，藉以掌握不同行動者動機
背後力量的互相鬥爭與運作，此外，還將探討規劃對
於地方的意義與規劃者的角色定位，描述性的分析大
陸策略性規劃者如何在不同於台灣的社經體制下，衝
撞與引導出來規劃未來的各種可能性。

　　由於趙宏禧這一篇對於周莊所進行的研究，研究主
題放在文化旅遊過程中地方政府、企業與規劃者三者
的互動與相互影響，而不在於周莊的消費文化與商業
活動，但該研究在探討文化旅遊與周莊地方發展變遷
之關係時，整理並論述近三年周莊三級產業從業人
員、國內生產毛額（GDP）之情形、新興產業的引進、
以及旅遊對地方政策與空間之影響，這一部分對於我
們去瞭解周莊近年來的消費活動及空間表現，具有間
接的幫助。縱使如此，基於本計畫的研究主題與研究
內容的需要，該篇研究並未探討周莊傳統商店街之空
間轉型及消費活動情形，故值得我們針對這一方面進

行研究。

四、國外有關商店街之研究情形

　　雖然長久以來，街道是都市生活最原始的中心，而零售空間往往也成為一般人們日常生活經驗的中心，可是直到最近，有關街道方面的研究，它一直還是處在地理研究的邊緣地位。然而，在消費的歷史地理研究上（Glennie & Thrift, 1992, 1996a, 1996b; Glennie, 1998），特別是與19世紀都市閒蕩的人有關連的研究（Featherstone, 1998），已將街道當做是「有結構的且有技巧的空間」的觀點開始出現（Glennie & Thirft, 1996b）。易言之，街道是一個表演展示的場所，也是流蕩與觀賞的地方，這正是將街道的分析，超越單純的布爾喬亞族購物天堂，延伸至較寬廣的社會性觀點分析。以 Zukin（1995）來說，紐約的購物區是一般人常去的地方，也是都市公共文化在街道層次實踐出來的重要基地，而且，街道與跳蚤市場作為一種「特定社會集團居住地的購物中心」，其重要性就如同購物中心，都是用來建構認同感與差異性的。

　　同樣的，Mort（1995, 1996）的研究重點集中在20

世紀購物街的地理表現，以及闡明街道在新的都市消費地景創設中的角色。重要的是，他的論文給予街頭流浪漢一個新的轉變——在當今的倫敦，部分的流浪漢是一群在街頭上閒蕩逛街、徘徊的人。在類似的氛圍中，Fernie等人（1997）、Moore（2000）、Crewe與Lowe（1995），也考慮到差異化消費空間的出現，而且注意到各種不同的「風格街道」，從倫敦的Bond Street與紐約的Madison Avenue，到牛津的Little Clarendon Street，它們都負載著非常特別的自明性（identities）與認同感。更特別的，Fernie等人（1997）檢證了倫敦如何重新發現，自1985年以來，它作為一個流行中心的地位，以及特別強調Bond Street所在區位的獨特「品牌」，而被稱為「名牌街道」（branded street）。世界名牌店之所以選擇Bond Street設立，進行投資活動，主要在於它的區位上的名氣與聲譽，流行時尚零售商所利用的正是此條商店街的名牌區位，雖然此條商店街既非主要幹道，也不是人潮出入頻繁之道路，並且它也未接近主要觀光客遊覽之位置，但它之所以能夠成為「名牌街道」，主要還是歸功於它是國際（如歐洲、美國及英國等國家）流行店聚集並進行投資活動之所在。倫敦之外，Crewe與Lowe（1995）主張，像這樣

以自明性、認同感為基礎的區位偏好，已導致某些所謂「開先鋒」的服飾零售商選擇在像 Guildford、Nottingham、Cheltenham 與 Glasgow 等地區中心座落，而且進一步指出，在這些中心的內部，都有特別的自明性與意象的街道。同樣的，在美國，Smith（1996）也指出，都市區位的自明性與其「品牌」，如何成為 Starbucks 咖啡零售行銷策略最重要的一項要素。這些被 Starbucks 咖啡所利用的高級鄰里地區，已擴展到郊區的街道、機場的長廊商場以及購物中心，這些均屬於比較「有管制」的現代消費空間。

　　另外，若干學者將商店街與「社會性」（sociality）一起來討論，將購物當做是一種社會活動，人們在商店街上可以學習認識商品、風格與它們的使用與意義，包括 Glennie 與 Thrift（1996a）、Zukin（1995），在紐約商店街的研究中，看到了不同國家或地區的族群移民（如亞洲、非洲及拉丁美洲）所形成的文化多元性以及都市零售市場的活力；而 Gregson 與 Crewe（1997）、Gregson、Crewe 與 Longstuff（1997）在研究英國都市中汽車流動販售（car boot sales）的零售行為中，特別強調所謂「樂趣與社會性」對消費者的重要性，乃因一來，汽車流動販售活動不但闡明了販售者

與買者之間真實的社會互動，販售者可以比較自由、有彈性與來去自如，而買者可以從中找到閒逛、凝視、社會互動與社區凝聚感、群眾熱鬧氛圍；二來，他們二人也從嘉年華觀點來看待這種消費現象，並且可以將之融入嘉年華氣氛之中。

　　綜合國外有關商店街之研究情形以及本人在九十與九十二年度國科會專題研究中有關安平路、延平街、古堡街三條商店街的研究成果，除可供本計畫探討研究地區四條傳統商店街之參考，援用部分相同的理論觀念外，本計畫（九十三年度國科會專題研究）尚增加一項新的觀念，那就是：在零售與都市社區之間的關係上，增加了本計畫所主張的以更地方化的微觀研究，探討在特定的場所中，空間與特定的消費型態之間的關連。此項新的觀念與分析，將是本計畫創新的嘗試。

第三節　本研究主張商店街的消費文化與空間關係的理論觀點

一、Shields的「社會空間化」概念與Benjamin的文化分析法

　　本計畫（九十三年度國科會專題研究）企圖從「社會空間化」（social spatialization）的觀點為切入點，針對研究地區四條傳統零售商店街居民與遊客的消費活動、對消費空間的體驗以及商店街之文化與空間的轉變，進行分析與解釋。在本計畫中，我們將研究地區傳統商店街看做是一個消費文化的基地，並且採用Shields所提出的「社會空間化」觀點以及Benjamin的文化分析方法。

（一）Shields的「社會空間化」概念

　　英國都市與區域研究學者Rob Shields（1986, 1991）提出所謂「社會空間化」（social spatialization）的概

念，係指在社會想像的層次裡，空間所產生不斷的社會建構，並且對於地景、建成環境將會有所干預。易言之，他企圖奠基在 Lefebvre 之理論架構上，一方面掌握空間的文化邏輯及其在語言裡的表現，另一方面掌握較具體的空間行動，例如營造。他指出，空間在此所指稱的是一個有限制的區域，由特定的社會活動所界定的一個地點（site）、地區（zone）或地方（place），都將被賦予地方自明性與意象，亦即，地方乃是各種通俗文化媒介（如消費）與論述建構出來的地方神話，而與地方的實質物理特性無關（Shields, 1986, 1991; Kelly, 1984）。因此，社區居民必須在屬於公眾的場域中透過各種不同的活動，讓人們在社會中體察到自己的存在以及地方的自明性與意象，尤其在市民社會逐漸形成的過程中，其重要性更為凸顯。Shields在加拿大West Edmonton購物中心的研究中，成功地利用此一觀念進行有關居民日常生活空間型態、想像地理、差異地點等方面的分析。可知，Shields的「社會空間化」概念，是一個強調人們在社區活動中體會到自己的存在，進而透過社會化的過程，來界定地方意義的地方理論。在「社會空間化」的論述中，有關零售活動方面，則將焦點放在區域資本在文化邊緣

地區（cultural periphery）介入的結果，將會產生所謂「社會空間化」的有趣現象。Shields（1992）更注意到消費市場已被轉型為一種旅遊基地，不僅作為觀光之地，而且也提供了展示異國風味食品及其氣味、販賣者的叫喊聲，以及群眾（包括消費者、觀光客）那種有觸覺經驗的場所。易言之，Shields關心的是在某種消費文化中所謂社區感的建構此一問題。此一觀念與本計畫的動機及目的是相同的，故值得本計畫重視及援用。基本上，在本計畫中，將探討研究地區四條傳統商店街在商業文化媒介裡的轉變與建構，因此適合採用此一理論。

（二）Benjamin 的文化分析法

德國文化批評家Walter Benjamin一生致力於各種文化形式與工藝產品的製造與接收、技術化、文學批評與都市生活等研究議題，特別強調藝術作品的「氛圍」（aura）。Benjamin（1970, 1973）指出「氛圍」的概念，包含了「對差異點的特殊突顯」。他指出每一種文化生產的模式都帶有一種特殊的接收模式，在分析巴黎市區拱廊設計的商場中，發展出一系列適合由現代性來評估文化表徵的暗喻，像是群眾、街道、以及flaneur（意即閒蕩的人），這些指稱現代人生活中接收面向的暗喻，都會將意識與藝術及社會結構連接在一起，而成為一種複雜的複合體。商品就像暗喻一樣，可以是任何事物，因為它本身可能已挖空了使用價值。由Benjamin文化分析方法的基本精神看出，似乎與Shields的「社會空間化」概念相互呼應。近年來，隨著地方與中央政府大力推動文化觀光與古蹟旅遊，地區四條傳統商店街熱絡的商業活動與節慶氣氛，在觀光客與旅遊者的心目中，它們與其他商店街已產生明顯差異的感覺。因此，本計畫企圖採用Benjamin的文化分析方法進行分析。

二、Mort的「消費 —— 社區空間之間關連」觀點

　　根據本章第一節所述得知，此一觀點是1990年代後期至2000年以後迄今的都市商業空間理論，本人將它稱為第三個研究途徑與理論模型。此一研究觀點主張：消費系統是必須在更寬廣的社會與文化的歷史中來掌握，並且採用更地方化的微觀研究，探討在特定的場所中，空間與特定的消費型態之間的關連。由此

可知，此一研究觀點與前二個研究觀點在都市商業空間理論研究上是不同的，但是與 Shields 關心在某種消費文化中所謂社區感的建構，卻是可以相互呼應，故值得本計畫重視及援用，基本上，本計畫適合採用此一理論觀點。

有關此一理論觀點的研究情形，在國內，截至目前為止，似乎尚未有類似的研究出現，在國外，則以 Frank Mort（1995, 1998）的研究最為重要，另外，在實證研究上有 Louise Crewe 與 Z Forster（1993）以及 Louise Crewe 與 Jonathan Beaverstock（1998）間接的、類似的佐證，在哲學觀點上有 Michel Foucault（1979）、Michel de Certeau（1988）的呼應（見本章第一節）。Mort 於 1995、1998 年在英國倫敦 Soho 商業區的經驗研究中發現，目前在人文與社會科學領域中的消費研究有若干問題，其中最主要的一項困境即在於過去所建立的所謂一般化理論，由於在討論經濟與文化轉型及其相關的需求結構的轉移問題上過於抽象，因此造成像這樣綜合性消費概念的使用，無法去掌握特定市場部門的特殊性以及因它所引發文化與空間關係的形式。Mort 又說，在他針對 1980 年代以後的期間在倫敦所發生的性別商業（gendered commerce）此一特別

現象形成的解釋，他提出一個更精細的、更扎根的理
論觀點來進行研究。此一研究闡明了特定的媒體專業
者與文化企業人士，在 Soho 區的轉型上占有舉足輕重
的角色，而且社會空間在物質上與象徵結構上的轉
變，乃成爲整個都市變遷過程的核心所在，更巧妙的
是，這種現象又說明了當地城市生活主張文化威信的
再現。他認爲，在倫敦這樣的一個都會區裡，我們清
楚看到一系列男性意象的生產所積極形構成的商業
區，而這種商業社區發展的結果，是會與消費文化有
關連，並且會因這些商業社區接近異質社會空間或同
質社會空間而加以細分。例如，Mort 在 Soho 區的個案
研究中，注意到商業轉型是與下列因素有關：特定的
文化形成、一系列清楚界定的消費者個性的出現、還
有媒體專業人士、同性戀人、有風格的企業界知名人
士、雅痞、同性戀與同質社會傾向的遊蕩者等，都主
張這種商業區從城市空間中細分出來。像這樣 Soho 商
業區發展的結果，事實上是 de Certeau 與 Mort 所謂「城
市地圖：由個人本身來說故事」，亦即 Soho 區各種不同
族群人士背後更寬廣的社會與文化的歷史必須被寫出
來，而這與他們在 Soho 區所發生的特定故事是有關連
的。就如同 Mort 所說，這一類的消費空間，已經成爲城

市人生活透過個人聲明展現自我瞭解、自我戲劇化、自我肯定的層次，與以往一般人所認定的商業區有了很大的不同。易言之，以往所謂一般化理論是不夠的，應考慮像1980年代以後倫敦那種性別化商業（gendered commerce）的特殊現象與制度才行，在都市地理中或許也需要更具體、更細緻的分析，諸如性別化的商業與文化，最明顯的例子之一就是Soho。

　　本人認為，像Mort的「消費──社區空間之間關連」的研究觀點，一言以蔽之，就是特別強調在特定的場所中，某一群或多群特定的人在空間與特定的消費型態之間關連的表現。事實上，這種觀念不但可以與Shields的「社會空間化」觀念相互呼應，而且前者可藉由更扎根的民族誌研究方法，將後者做進一步的深化研究。基本上，在本計畫中，本人將探討當今社區空間中四條傳統商店街的消費文化與空間關係，因此適合採用Mort的「消費──社區空間關連」此一觀點。

參考文獻

一、中文部分

王鴻楷（1991）。台北市民生活方式、消費型態與空間選擇，行政院國家科學委員會專題研究計畫。

王鴻楷、陳坤宏（1989）。有關都市商業設施空間結構的一些理念，台灣大學建築與城鄉研究學報，4（1）：1-18。

王鴻楷、陳坤宏（1991）。都市消費空間結構之形成及其意義：第一部分各都市消費空間結構理論的介紹與批評，台灣大學建築與城鄉研究學報，6：43-63。

王振英、李副諒（1985）。古台南市街坊形成與發展，建築師，124：34-40。

王明蘅、姜渝生（2001）。台南市安平文化特定區調查規劃與設計（期末報告），台南市政府委託計畫。

石世坤（1983）。**連鎖化便利商店之位置分析──以台北市為例**，交通大學管理科學研究所碩論。

台北市政府研考會（1989）。**台北市大衆文化休閒活動取向之規劃**，台北：台北市政府研考會。

台南市政府（2001）。**台南市統計要覽**，61。

交通部觀光局澎湖國家風景特定區管理處（1998）。**澎湖風景特定區遊客調查暨旅遊人次推估規劃**，中華民國戶外遊憩學會研究。

朱元鴻（1991）。消費──政治經濟學之外，**當代**，67：12-23。

李永熾（1991）。消費社會與價值法則（上），**當代**，67：24-29。

李永熾（1992）。消費社會與價值法則（下），**當代**，70：68-73。

李祖琛（1986）。大衆煤介與大衆文化，**中國論壇**，23（5）：12-14。

李沛慶（1994）。金門地區觀光客消費行為分析──實證調查研究，**商學學報**，2：93-119。

李沛慶（1995）。金門觀光旅遊動機及其滿意度之研究，**商學學報**，3：17-47。

李沛慶（1996）。金門居民對金門觀光開發滿意度之研究，**商學學報**，4：19-86。

李銓、林進財、張皆欣（2001）。金門觀光產業服務品質與遊客滿意度之研究，**銘傳學刊**，11：1-14。

李盈瑩（2001）。**複合品牌策略、核心資源、商圈生態類型對品牌權益影響之研究**，中原大學企業管理研究所碩論。

李孟熹（1990）。商店街發展政策之研究，**臺灣銀行季刊**，48。

汪書賢（2002）。**商圈塑造與意象關聯之研究**，朝陽科技大學休閒事業管理研究所碩論。

吳能惠（1997）。金門青少年對金門觀光開發滿意度與期望之研究，**商學學報**，5：37-66。

赤崁文史工作室（2001）。台南市安平區古聚落文化產業社區總體營造計畫──以延平街及周邊爲主要**實施範圍**，台南市政府委託計畫。

沈文台（2002）。**台灣老街圖鑑**，台北：貓頭鷹。

林眞妙（1987）。高雄市市街發展與中心商業區的變遷，台灣師大地理研究所碩論。

林立屛（1999）。**花蓮市街商業地理之研究**，台灣師大

地理研究所碩論。

金門國家公園管理處（1996）。金門國家公園遊憩服務系統規劃設計，太乙工程顧問股份有限公司研究。

金門縣政府（1996）。金門縣統計要覽。

金門縣政府網站（2003）。網址：http://www.kinmen.gov.tw/。

洪翠娥（1988）。霍克海默與阿多諾對文化工業的批判，台北：唐山。

姚佳齊（2001）。台中市百貨公司商業空間環境與消費者特性關係之研究，逢甲大學土地管理研究所碩論。

胡金印（1979）。中和永和地區商業之空間結構，台灣師大地理研究所碩論。

柯俊成（1998）。台南（府城）大街空間變遷之研究1624-1945，成功大學建築研究所碩論。

侯錦雄（1999）。形式的魅影——金門觀光的戰地異境想像與體驗，觀光研究學報，5（1）：39-52。

施鴻志（1975）。都會區零售商業市場潛力分析模型——台北都會區之應用，中興大學都市計畫研究

所碩論。

唐小兵譯（1989）。詹明信（F. Jameson）講座，後現代主義與文化理論，台北：合志。

高靖祺（2000）。職業婦女百貨公司購物經驗之探討──以國立成功大學女教職員為例，成功大學都市計畫研究所碩論。

高碧英（2001）。百貨公司的消費空間圖像建構與詮釋──以高雄市大統百貨和平店為例，高雄師大地理研究所碩論。

高樹仁（1987）。台北市東區中心商業區之研究，台灣大學地理研究所碩論。

徐秀青（2002）。台中市天津路服飾街商業空間之研究，彰化師範大學地理學系在職進修專班碩論。

徐昌春（1980）。新竹市商業之空間結構，台灣師大地理研究所碩論。

徐逢陽（1993）。蘭陽商業中心體系與商業服務圈之探討，中興大學都市計畫研究所碩論。

徐韶良（2003）。金門傳統聚落遊憩衝擊及使用管理策略探討──以山后為例，金門，74：4-15。

倪進城（2001）。澎湖觀光空間形塑之外在作用力分

析，社會科教育學報，4：73-112。

翁俊雄（1990）。商店街的形成與發展，太聯房屋市
　　場，2月號：43-47。

陳秉璋、陳信木（1988）。邁向現代化，台北：桂冠。

陳文欣（1990）台北市公館商店街商業活動系統與市
　　街空間之研究，中興大學都市計畫研究所碩論。

陳元陽、李明儒、陳宏斌（2003）觀光服務業者對舉
　　辦節慶活動態度之研究──以澎湖2000觀光年為
　　例，澎技學報，6：103-124。

陳坤宏（1990）。台北市消費空間結構之形成及其意
　　義，台灣大學土木工程學研究所都市計畫組博
　　論。

陳坤宏譯（1992a）。消費文化理論，戶外遊憩研究，5
　　（2）：103-119。

陳坤宏（1992b）。西方消費文化理論之引介(一)、
　　(二)，成功大學規劃學報，19：35-50，51-70。

陳坤宏（1995）。消費文化與空間結構：理論與應用，
　　台北：詹氏。

陳坤宏（1998）。消費文化理論，初版三刷，台北：揚
　　智。

陳坤宏（2002a）。英國與北美都市零售地理研究的新方向，中國地理學會會刊，30：77-92。

陳坤宏（2002b）。消費文化環境與地方發展——安平零售商店街之文化與空間轉型，2002年中華民國都市計畫、區域科學與住宅學會聯合年會暨論文研討會論文集，1-33。(國科會計畫：NSC90-2415-H-024-001-SSS)

陳坤宏（2002c）。地方文化、學校與社區——安平文化的個案研究，行政院國科會專題研究計畫成果報告。（國科會計畫：NSC90-2415-H-024-001-SSS）

陳坤宏（2003）。商店街空間轉變與社會空間化——安平路零售地理之經驗研究，中國地理學會會刊，31：55-84。

陳坤宏（2004）。都市傳統商店街空間轉型與社區空間結構關係之研究——台南市安平區延平街、古堡街、安平路之個案研究，行政院國科會專題研究計畫成果報告。（國科會計畫：NSC92-2415-H-024-001-SSS）

陳國章、陳憲明（1983）。台北市商店的區位與消費者

購物行為，台灣師大地理研究報告，9：1-19。

陳榮昌（2003）。金門詩酒文化節，金門，74： 16-22。

陳繼鳴（1986）。台北生活圈商業中心區位與規模之研究：由消費者利益觀點之探討，中興大學都市計畫研究所碩論。

張聰明（1974）。台北市商業用地之研究，中興大學都市計畫研究所碩論。

張毓胤（1993）。台北市東區餐飲消費空間結構之研究——以崇光百貨至統領、明曜百貨之街廓為例，台灣大學地理研究所碩論。

張維銓（1989）。台北都會區商業空間結構變遷之研究，中興大學都市計畫研究所碩論。

梁炳琨（1999）。台中市商業區空間結構與商業機能活動研究，中國地理學會會刊，27：153-182。

莊武釗（1985）。台北市商業區商業活動特性之研究，中興大學都市計畫研究所碩論。

許麗兒（2002）。高雄市新堀江商圈青少年消費空間之詮釋，高雄師大地理研究所碩論。

黃道琳（1986）。大眾文化的本質，中國論壇，23

（5）：8-11。

黃恆正譯（1988）。**符號社會的消費**，星野克美等原著，台北：遠流。

黃幹忠、葉光毅（2000）。中心商業區業種聚集現象之研究——以台南市中心商業區為例，**建築與規劃學報**，1（3）：228-242。

黃名義（1995）。**台北市商業空間結構之研究**，政治大學地政研究所碩論。

傅朝卿（2002）。文化資產與永續經營——從「國際文化觀光憲章」談起，**南台文化**，2：15-23。

彭國田（2002）。**從商圈更新再造探討傳統商業永續發展**，南華大學管理研究所碩論。

曾國恩（1978）。**安平舊街區歷史建築維護之探討**，成功大學建築研究所碩論。

鄒克萬（1985）。**消費者空間選擇行為之研究**，台灣大學土木工程學研究所博論。

楊國樞（1985）。台灣社會的多元化：回顧與前瞻，中國論壇編輯委員會主編，**台灣地區社會變遷與文化發展**，45-92，台北：中國論壇雜誌。

楊一志（2000）。**從大員市鎮到台灣街仔：安平舊街區**

　　的空間變遷，中原大學建築研究所碩論。

詹智源（1982）。中壢地區商業空間結構之研究，文化
　　大學地理研究所碩論。

葉啓政（1985）。 文化優勢的擴散與「中心 —— 邊陲」
　　對偶關係，中國社會學刊，9：1-24。

葉啓政（1985）。現代大眾文化精緻化的條件，國魂，
　　480：76-79。

趙宏禧（2001）。中國大陸『文化旅遊』發展過程中的
　　地方政府、企業與規劃者 —— 以江南古鎮周莊爲
　　例，台灣大學建築與城鄉研究所碩論。

蔡源煌（1991）。當代文化理論與實踐，台北：雅典。

蔡文彩（1978）。基隆、台北、桃園地區中小都市主要
　　商業街類型活動之研究，台灣師大地理研究報
　　告，4：117-150。

蔡文彩（1980）。高屏地區各市鄉鎮主要商店街機能活
　　動之地理學研究，台灣師大地理研究報告，6：
　　71-114。

蔡文彩等（1987）。台北市中華商場之機能結構與行人
　　識覺，中國地理學會會刊，15：35-58。

蔡忠志（1989）。安平六部社聚落與民居之研究，成功

大學建築研究所碩論。

鮑紀良（1990）。台北都會區商業中心階層之研究，中興大學都市計畫研究所碩論。

劉維公（1991）。消費文化與象徵鬥爭：消費文化理論的反省，台灣大學社會研究所碩士論文。

劉錚錚（1968）。台北市商店分佈之型態及其經濟動機，大陸雜誌，37（1-2）：1-36。

劉成富、全志鋼譯（2001）。消費社會，P. Bourdieu原著，南京：南京大學出版社。

劉冀（2001）。南水鄉古鎮群體申報世界文化遺產工作揭開序幕，名鎮世界，1。

歐陽謙（1988）。西方馬克思主義的文化哲學，台北：雅典。

蕭新煌（1990）。消費文化的特性與重建，自立晚報，1月7日。

澎湖縣政府（1999）。澎湖縣綜合發展計畫——總體發展計畫、觀光遊憩部門發展計畫，台灣大學地理學研究所研究。

澎湖縣政府網站（2003）。網址：http://www.phhg.gov.tw/。

錢學陶（1976）台北市商業區系統之建立及其分區管

制，台灣銀行季刊，27（3）：79-115。

戴廣平（1995）。大學學生消費對附近地區商業土地使
　　用影響之研究，中興大學都市計畫研究所碩論。

魏英滿（2001）。安平映象，台南：裕文堂。

韓玉蘭、黃絹絹譯（1985）。雅俗之間，Gan, H. J.原
　　著，台北：允晨。

譚柏雄（1980）。台灣西部中型都市中心商業區內部結
　　構之比較研究，台灣師大地理研究所碩論。

譚進、張建華（2000）。江南旅遊，蒙羞的村姑和散落
　　的珍珠：水鄉古鎮周莊、南潯探訪走筆。

羅時暐（1986）。購物街逛選空間使用者逛選行為之研
　　究，台灣大學土木工程研究所碩論。

羅清達、張益三、陳耀光（2001）。台南地區規劃購物
　　中心有關消費者休閒購物行為調查分析之初探，
　　第五屆（2001年）國土規劃論壇論文集，1-15。

羅鋼、王中忱主編（2003）。消費文化讀本，北京：中
　　國社會科學出版社。

嚴勝雄（1980）。克利斯托之中地理論，台灣土地金融
　　季刊，17（1）：33-55。

蘇俊凱（2001）。以消費者行為為觀點探討商業建築的

型式——以屏東糖廠開發案爲例，成功大學建築
研究所碩論。

當代雜誌社（1990）。後現代‧欲望與消費文化專輯，
當代，52：21-69。

當代雜誌社（1991）。布希亞：歷史的終結者專輯，當
代，65：16-81。

二、外文部分

Abelson, E. (1989). *When ladies go a thieving: middle class shoplifters in the Victorian department store*, Oxford: Oxford University Press.

Antoine, S.B., Coffey, W. J., Paelinck, J. H. P. and Polese, M.(1992). *Spatial Econometrics of Service*, Gower House, Croft Road, Aldershot, Hampshier GU11 3HR England.

Appadurai, A.(1986). Introduction. In: Appadurai, A.(ed), *The Social Life of Things*. Cambridge: Cambridge University Press.

Applebaum,W.(1966). Method for Determining Store

Trade Area-Marketing Penetration and Potential Sales, *Journal of Marketing Research*, 3: 127-141.

Arnold, D.R., Louis, M. and Carry, D. S.(1983). *Strategic Retail Management*, MA: Addison-Wesley Co.

Ashworth, G. J.(1992). Is there an urben tourism?, *Tourism Recreation Research*, 17: 3-8.

Bagozzi, R. P.(1975). Marketing as Exchange, *Journal of Marketing*, 39(4), 32-39.

Bailey, P. (1986). *Music Hall: The Business of Pleasure*. Milton Keynes: Open University Press.

Bakhtin, M. M.(1968). *Rabelais and his World.* Cambridge, Mass.: MIT Press.

Bataille, G.(1969). *Theory of Religion.* N. Y. : Urzone, Inc.

Bataille, G.(1988). *The Accursed Share: An Essay on General Economy, Volume 1: Consumption.* N. Y. : Zone Books.

Baudrillard, J.(1975). *The Mirror of Production*. St. Louis: Telos Press.

Baudrillard, J.(1981). *For a Critique of the Political Economy of the Sign*. St. Louis: Telos Press.

Baudrillard, J.(1982). *Towards a Critique of the Political*

Economy of the Sing. St Louis: Telos.

Baudrillard, J.(1983a). *Simulations*. trans. by P. Foss, P. Patton and P. Beitchman. N. Y.: Semiotext.

Baudrillard, J.(1983b). *In the Shadow of the Silent Majorities*. N. Y.: Semiotext(e).

Baudrillard, J. (1988). Consumer Society, In: Poster, M.(ed) *Jean Baudrillard: Selected Writings*. Cambridge: Polity.

Bauman, Z.(1992). *Intimations of Postmodernity*. London: Routledge.

Bayley, S.(1979). *In Good Shape*. London.

Beavon, K. S. O.(1977). *Central Place Theory: A reinterpretation*. London: Longman Group Limited.

Belisle, F. and Hoy, D.(1980) The perceived impact of tourism by residents: a case study in Santa Marta, Columbia, *Annals of Tourism Research*, VII（1）: 83-101.

Belk, R. W.(1984). Cultural and Historical Differences in Concepts of Self and Their Effects on Attitudes Toward Having and Giving, *Advances in Consumer*

Research, 11, 753-760. Provo, UT: Association for Consumer Research.

Belk, R. W., & Pollay, R. W.(1985). Images of Ourselves: The Good Life in Twentieth Century Advertising, *Journal of Consumer Research*, 11, 887-897.

Bell, D.(1976). *The Cultural Contradictions of Capitalism*. N. Y.: Basic Books, Inc., Publishers.

Bellah, R., Madsen, R., Sulivan, W., Swidler, A., and Tipton, S.(1985). *Habits of the Heart: Individualism and Commitment in American Life*. Berkely: University of California Press.

Benjamin, W. (1970). *Illuminations*. London: Cape.

Benjamin,W. (1973). *Charles Baudelaire: A Lyric Poet in the Era of High Capitalism*, trans. by Hoare, Q..London: New Left Books.

Benjamin, W.(1982). *Das Passagen-Werk*, 2vols, edited by R. Tiedermann. Frankfurt: Suhrkamp.

Bennett, R. J. and Graham, D. J.(1998). Explaining size differentiation of business service centers, *Urban Studies*, 35(9): 1457-1481.

Bennett, T. et al.(1977). *The Study of Culture 1*. Milton Keynes: Open University Press.

Benson, S. (1986). *Counter cultures: saleswomen, managers and customers in American department stores*. Urbana, IL: University of Illinois Press.

Benton, R., Jr.(1987). Work, Consumption, and the Joyless Consumer, In: Firat, A. F. et al.(eds) *Philosophical and Radical Thought in Marketing*, Chapter 13. Lexington Books.

Berry, B. J. L.(1963). *Commercial structure and Commercial Blight*, Research Studies 85, Department of Geography, University of Chicago.

Berry, B. J. L. (1967). *Geography of Market Centers and Retail Distribution*. New Jersey: Prentice-Hall, Inc.

Berry, B.J. L. etc (eds) (1988). *Market Centers and Retail Location: Theory and Applications*. New Jersey: Prentice-Hall, Inc.

Berry, B.J. L. and Garrison, W. L. (1958). Recent Development of Central Place Theory, *Papers of the Regional Science Association*, 4: 107-120.

Blomley, N. K.(1994). Retailing geography, In: Johnston, R.J. etc (eds) *The Dictionary of Human Geography*, 533-535. Oxford, UK: Blackwell.

Blomley, N.K.(1996). I'd like to dress her all over: masculinity power and retail capital, In: Wrigley, N. and Lowe, S. (eds) *Retailing, Consumption and Capital*, 238-256. Harlow, UK: Addison Wesley Longman.

Bourdieu, P., Boltanski, L., Castel, R. and Chamboredon, J. C.(1965). *Un Art Moyen*. Paris: Minuit.

Bourdieu, P.(1984). *Distinction: A Social Critique of the Judgement of Taste*. Cambridge, MA: Harvard University Preee.

Bourdieu, P.(1989). Social Space and Symbolic Power, *Sociological Theory*, 7.

Bourdieu, P., and Passeron, J. C.(1990). *Reproduction in Education, Society and Culture*. 2nd edition. London: Sage.(1st edition, 1977).

Bourdieu, P.(1991). An Interview with Pierre Bourdieu: For a Socio-Analysis of Intellectual: on "Homo Academius", *Berkeley Journal of Sociology*.

Bocock, R. (1993). *Consumption*. London: Routledge.

Boissevain, J.(1979). The impact of tourism on a depen-
dent island, Gozo, Malta, *Annals of Tourism
Research*, Jan/Mar 6: 76-89.

Bourdieu, P. (1985). The social space and the genesis of
groups, *Theory and Society*, 14: 723-744.

Bowlby, S. R. and Foord, J.(1995). Relational contracting
between U.K. retailers and manufacturers,
*International Journal of Retail, Distribution and
Consumer Research*, 5: 333-361.

Boyle, M. and Hughes, G..(1991). The politics of represen-
tation of the 'real' discourses from the Left on
Glasgow's role as European City of Culture, *Area*, 23:
217-228.

Brantlinger, P.(1990). *Crusoe's Footprints*. N. Y.:
Routledge, Chapman and Hall, Inc.

Braudel, F. (1973). *Capitalism and Material Life 1400-
1800,* trans lated by M. Kochan. London: Weidenfeld
and Nicholson.

Bryden, J.(1973). *Tourism and Development a Case Study*

of the Commonwealth Caribbean, Cambridge: The University of Cambridge Press.

Buck-Morss, S.(1983). Benjamin's Passagen-Werk, *New German Critique,* 29.

Buck-Morss, S.(1989). *The dialectics of seeing: Walter Benjamin and the arcades project.* Cambridge, MA: MIT Press.

Buckwalter, D.W.(1990). Diverse retail structure and Christrll's separation principle in medium-sized metropolitan areas, *Growth & Change*, 21(2): 15-34.

Butler, T. and Savage, M.(1996). *Social Change and the Middle Classes.* London: UCL Press.

Calefato, P.(1988). Fashion, the Passage, the Body, *Cultural Studies*, 2(2).

Campbell, C.(1983). Romanticism and the Consumer Ethic: Intimations of a Weber-style Thesis, *Sociological Analysis*, 44, 279-296.

Campbell, C.(1995). The sociology of consumption, In: Miller, D.(ed) *Acknowledging Consumption*, Ch. 3. London: Routledge.

Carter, H.(1981). *The Study of Urban Geography*, 3rd edition, London: Arnold.

Carter, E., Donald, J. and Squires, J.(1993) *Space and Place: Theories of Identity and Location*. London: Lawrence and Wishart.

Chambers, I.(1986). *Popular Culture: The Metropolitan Experience*. London: Methuen.

Chambers, I.(1987). Maps for the Metropolis: A Possible Guide to the Postmodern, *Cultural Studies,* 1(1).

Chaney, D.(1983). The Department Store as a Cultural Form, *Theory, Culture & Society*, 1(3).

Chauncey, G..(1994).*Gay New York: Gender, Urban Culture and the Making of the Gay Male World 1890-1940*, New York: Basic Books.

Chen, Kung-Hung(2003). Social Spatialization in an Urban Commercial Area: the Anping Road Shopping Street Case Study, *2003 International Symposium on Urban Planning*. Taipei: National Taiwan University, September, 27.

Chen, Kung-Hung (2004a). Social Spatialization in an

Urban Commercial Area: A Case Study of Anping Road Shopping Street in Tainan, 台大地理學報, 36: 55-75.

Chen, Kung-Hung (2004b). A Study of the Community Resident' Attitudes on Urban Tourism Impact —— Case Study from Anping Traditional Community Where Yenping Street, Fort Street and Anping Road Are Located, *Occasional Paper Series College of Humanities and Social Sciences*, 3: 1-18, Pingtung: National Pingtung University of Science and Technology.

Chen, Kung-Hung(2004c). A study of Community Resident, Attitudes on the Impact of Urban Tourism —— A Case study from Yenping Street, Fort Street and Anping Road in the Anping Traditional Community, *Proceedings of International Symposium on City Plannng, 2004*, 333-342. Sapporo, Japan: Hokkaido University.

Christopherson, S. (1993). Market rules and territorial outcomes: the case of the United States, *International*

Journal of Urban and Regional Research, 19: 274-28.

Clark, G. (1993). Costs and prices, corporate competitive strategies and regions, *Environment and Planning A*, 25: 5-26.

Clark, G.(1994). Strategy and structure: corporate restructuring and the scope and characteristics of sunk costs, *Environment and Planning A*, 26: 9-32.

Clark, W. A. V and Rushton, G(1970). Models of intra-urban consumer behavior and their implications for central place theory, *Econ. Geog*, 49: 486-497.

Clarke, D. B., Doel, M. A. and Housiaux, K. M. L.(2003) . *The Consumption Reader*, London: Routledge.

Clarke, I.(2000). Retail power, competition and local consumer choice in the U.K. grocery sector, *European Journal of Marketing*, 34: 975-1002.

Corner, J.(1994). Consumption editorial. *Media, Culture and Society*, 16: 371-374.

Craig, C. S., Ghosh,A., McLaferty, S.(1984). Models of Retail Location Process, A Review, *Journal of*

Retailing, 60(1): 5-36.

Crane, D.(1987). *The Transformation of the Avant-Garde.* Chicago: Chicago University Press.

Crang, P.(1997). Cultural turns and the (re)constitution of economic geography, In: Lee, R. and Wills, J.(eds) *Geographies of Economies*, 3-15. London: Arnold.

Crewe, L.(2000). Geographies of retailing and consumption, *Progress in Human Geography*, 24: 275-290.

Crewe, L. and Beaverstock, J.(1998). Fashioning the City: Cultures of Consumption in Contemporary Urban Spaces, *Geoforum*, 29 (3): 287-308.

Crewe, L. and Davenport, E.(1992). The puppet show: Changing buyer-supplier relationships within cloth-ing retailing, *Transactions of the Institute of British Geographers,* NS17: 183-197.

Crewe, L. and Forster, Z. (1993). Markets, design, and local agglomeration: the role of the small indepen-dent retailer in the workings of the fashion system, *Environment and Planning D: Society and Space*, 11: 213-229.

Crewe, L. and Lowe, M.S.(1995). Gap on the map ? Towards a geography of consumption and identity, *Environment and Planning A*, 27: 1877-1898.

Davies, R. L. (1976). *Marketing Geography: with special reference to retailing*, London: Methuen.

Davis, D., Allen, J. and Cosenza, R.(1988). Segmenting local residents by their attitudes, interests and opinions toward tourism, *Journal of Travel Research*, 27: 2-8.

Dawson, J. S.(ed)(1980). *Retail Geography*. London: Croom Helm.

De Certeau, M.(1988). *The Practice of Everyday Life*, trans. by S. Rendall, Berkeley, CA: University of California Press.

DiMaggio, P.(1987). Classification in Art, *American Sociological Review*, 52(4).

Dixon, D. F.(1980). Medieval Macromarketing Thought. In: G. Fisk, R. Nason, & P. D. White (eds) *Macromarketing: Evolution or Thought*, pp. 59-60. Boulder, CO: University of Colorado, Graduate

School of Busi-ness Administration.

Dixon, D. F.(1981). The Role of Marketing in Early Theories of Economic Development, *Journal of Macromarketing*, 1(2), 19-27.

Doel, C.(1996). Market development and organizational change: The case of the food industry, In: Wrigley, N. and Lowe, M. S.(eds) *Retailing, Consumption and Capital*, 48-67, Harlow, UK: Addison Wesley Longman.

Doel, C.(1999). Towards a supply chain community ? Insights from governance processes in the food industry, *Environment and Planning A*, 31: 69-85.

Douglas, M. & Isherwood, B.(1979). *The World of Goods*. N. Y.: Basic Books, Inc., Publishers.

Dowling, R. (1991). *Shopping and the construction of femininity in the Woodward's department store*, Vancouver, MA thesis, University of British Columbia.

Doxey, G.(1975). A causation theory of visitor-residents irritants: methodology and research inferences, *The*

Impact of Tourism, Sixth Annual Conference Proceedings of the Travel Research Association, California: San Diego, 195-198.

Dunn, R. (1986). Television, Consumption and the Commodity Form, *Theory, Culture and Society*, 3(1): 49-64.

Ducatel, K. and Blomley, N. (1990). Rethinking retail capital, *International Journal of Urban and Regional Research*, 14: 207-227.

Easton, S., Hawkins, A., Laing, S. and Walker, H.(1988) . *Disorder and Discipline: Polular Culture from 1550 to the Present*. London: Temple Smith.

Elias, N. (1978). *The Civilizing Process. Volume Ⅰ: The History of Manners*. Oxford: Basil Blackwell.

Elias, N. (1982). *The Civilizing Process. Volume Ⅱ: Stage Formation and Civilization*. Oxford: Basil Blackwell.

Ewen, S. (1976). *Captains of Consciousness: Advertising and the Social Roots of the Consumer Culture*. New York: McGraw-Hill.

Ewen, S. (1988). *All Consuming Images*.New York: Basic

Books.

Ewen, S. and Ewen, E. (1982). *Channels of Desire*. New York: McGraw-Hill.

Featherstone, M. (1987). Lifestyle and Consumer Culture, *Theory, Culture & Society*, 4(1): 55-70.

Featherstone, M. (1990). Perspectives on Consumer Culture, *Sociology*, 24(1): 5-22.

Featherstone, M. (1991). *Consumer Culture & Postmodernism*. London: Sage.

Fernie, J., Moore, C., Lawrie, A., and Hallsworth, A.(1997). The internationalization of the high fashion brand: The case of central London, *Journal of Product and Brand Management*, 6: 151-162.

Fine, B.(1993). Modernity, urbanism, and modern consumption: a comment, *Environment and Planning D*, 11: 599-601.

Firat, A. F., Dholakia, N. and Bagozzi, R. P. (1987) . *Philosophical and Radical Thought in Marketing*. Lexington Books.

Forty, A.(1986). *Objects of Desire*. London: Thames and

Hudson.

Foucault, M.(1979).*The History of Sexuality, vol. 1: An Introduction*, trans. by R. Hurley. New York: Pantheon Books.

Fox, R. W. and Lears, T. J. J.(1983). *The Culture of Consumption: Critical Essays in American History, 1880-1980.* N. Y.: Pantheon Books.

Frith, S. and Horne, H. (1987). *Art into Pop.* London: Methuen.

Fullerton, R. A.(1984). *Capitalism and the Shaping of Marketing: Marketing as a World —historical Force.* Paper Presented at the 9th Macromarketing Seminar. Vancouver, B. C.

Garner, B. J. (1966). *The Internal Structure of Retail Nucleations.* Evanston: Northwestern University.

Gellner, E. (1979). The Social Roots of Egalitarianism, *Dialectics and Humanism,* 4.

Gershuny, J. and Jones, S. (1987). The Changing Work∕ Leisure Balance in Britain: 1961-1984, In: Horne, J., Jary, D. and Tomlinson, A. (eds) *Sport, Leisure and*

Social Relations. London: Routledge & Kegan Paul.

Giddens, A.(1991). *Modernity and Self-Identity: Self and Society in the Late Modern Age*. Cambridge: Polity Pres.

Giddens, A.(1992). *The Transformation of Intimacy, Sexuality, Love and Eroticism in Modern Societies*. Cambridge: Polity Press.

Glennie, P. D.(1998). Consumption, consumerism and urban form: Historical perspectives, *Urban Studies*, 3: 927-951.

Glennie, P. D., and Thrift, N. J.(1992).Modernity, urbanism and modern consumption, *Environment and Planning D: Society and Space*, 10: 423-443.

Glennie, P. and Thrift, N.(1993). Modern consumption: theorising commodities and consumers, *Environment and Planning D: Society and Space*, 11: 603-606.

Glennie, P. D., and Thrift, N. J.(1996a). Consumers, identities, and consumption spaces in early-modern England, *Environment and Planning A*, 28: 25-45.

Glennie, P. D., and Thrift, N. J. (1996b). Consumption,

shopping and gender, In: Wrigley, N. and Lowe, M. S.
(eds) *Retailing, Consumption and Capital*, 221-237.
Harlow, UK: Addison Wesley Longman.

Goffman, E. (1951). Systems of Class Status, *British Journal of Sociology*, 2.

Goodwin, M.(1993). The city as commodity: the contested spaces of urban development, In: Kearns, G., Philo, C.(eds) *Selling Places: The City as Cultural Capital, Past and Present*. Oxford: Pergamon.

Goss, J. (1996). Disquiet on the waterfront: Reflections on nostalgia and utopia in the urban archetypes of festival market places, *Urban Geography*, 17: 221-247.

Gottdiener, M.(1986). Recapturing the center: a semiotic analysis of shopping malls, In: Gottdiener, M., Lagopoulos, A., *The City and the Sign: An Introduction to Urban Semiotics*, 288-302. New York: Columbia University Press.

Gregson, N. and Crewe, L. (1997). The bargain, the knowledge, and the spectacle: Making sense of consumption in the space of the car-boot sale,

Environment and Planning D: Society and Space, 15: 87-112.

Gregson, N., Crewe, L. and Longstuff, B. (1997). Excluded spaces of regulation: Car-boot sales as an enterprise culture out of control, *Environment and Planning A*, 29: 1717-1737.

Guy, C. M. (1995). Controlling new retail space: The impress of planning policies in Western Europe, *Urban Studies*, 35(5/6): 953-980.

Hamnett, C.(1991). The blind man and the elephant: the explanation of gentrification, *Transactions of the IBG*, 16: 173-189.

Hamnett, C.(1992). Gentrifiers or lemmings? A response to Neil Smith, *Transactions of the IBG*, 17: 116-119.

Harvey, D. (1988). Voodoo Cities, *New Statesman and Society*, 30 September.

Harvey, D. (1989). *The Condition of Postmodernity*. Oxford: Blackwell.

Haug, W. F. (1986). *Critique of Commodity Aesthetics*,trans by R. Bock. Oxford: Polity Press.

Haywood, M.(1992). Identifying and responding to challenges posed by urben tourism, *Tourism recreation Reswarch*, 17: 9-23.

Hebdige, D. (1988). *Hiding in the Light*. London: Routledge & Kegan Paul.

Hirsch, F. (1976). *The Social Limits to Growth*.Cambridge, Mass.: Harvard University Press.

Hirshman, A. (1982). *Shifting Involvements*. Oxford: Basil Blackwell.

Honneth, A. (1986). The Fragmented World of Symbolic Forms: Reflections on Pierre Bourdieu's Sociology of Culture, *Theory, Culture and Society*, 3(3): 55-66.

Honneth, A., Kocyba, H. and Schwibs, B. (1986). The Struggle for Symbolic Order: An Interview with Pierre Bourdieu, *Theory, Culture and Society*, 3(3): 35-31.

Hochberg, L. J. and Miller, D. W. (1992). Constructing a central-place hierarchy from a commercial directory, *Historical Methods,* 25(2): 80-95.

Hughes, A. L. (1996a). Retail restructuring and the strategic significance of food retailers' own-labels: A UK-USA comparison, *Environment and planning A*, 28: 2201-2226.

Hughes, A. L. (1996b). Forging new cultures of food retailer-manufacturer relations, In: Wrigley, N. and Lowe, M. S. (eds) *Retailing, Consumption and Capital*, 90-115. Harlow, UK: Addison Wesley Longman.

Hughes, A. L. (1999). Constructing competitive spaces: The corporate practice of British retailer-supplier relationships, *Environment and Planning A*, 31: 819-839.

Hughes, A. L. (2000). Retailers, knowledges and changing commodity networks: The case of the cut flower trade, *Geoforum*, 31: 175-190.

Jackson, P.(1993). Towards a cultural politics of consumption, In: Bird, et al., *Mapping the Futures: Local Cultures, Global Change,* 207-228. London: Routledge.

Jackson, P., Lowe, M. S., Miller, D., and Mort, F. (eds)(2000). *Commercial Culture*. Oxford, UK: Berg.

Jackson, P. and Thrift, N.(1995). Geographies of consumption, In: Miller, D.(ed) *Acknowledging Consumption*, 204-237. London: Routledge.

Jameson, F. (1979). Reification and Utopia in Mass Culture, *Social Text*, 1(1).

Jameson, F. (1984a). Postmodernism: or the Cultural Logic of Late Capitalism, *New Left Review*, 146, 53-92.

Jameson, F. (1984b). Postmodernism and the Consumer Society, In: Foster, H.(ed), *Postmodern Culture*. London: Pluto Press

Jayne, M.(2004). *Cities and Consumption*, London: Routledge.

Johnston, R. J. (1966). The Distribution of an Intra-Metropolitan Central Place Hierarchy, Austrl. *Geog. Stud.*, 4: 19-33.

Johnston, R. J. and Rimmer, P. J. (1967). A note on consumer behavior in an urban hierarchy, *J. Reg. Sci.*, 7: 161-166.

Kellner, D. (1989). *Jean Baudrillard: From Marxism to Postmodernism and Beyond*. Cambridge: Polity

Press.

Kearns, G. and Philo, C.(eds) (1993). *Selling Places: The City as Cultural Capital*. Oxford: Pergamon.

Kelley, O. (1984). *Community, Art and the State: Storming the Citadels*. London: Comedia Publishing Group.

Knox, P.(1991). The restless urban landscape: economic and socio-cultural change and the transformation of metropolitan Washington DC, *Annals of the AAG*, 81: 181-209.

Knox, P.(1995). World cities and the organization of global space, In: Johnston, R., Tayloy, P., Watts, M., *Geographies of Global Change*, 232-248. Oxford: Blackwell.

Lash, S.(1993). Reflexive modernisation: the aesthetic dimension, *Theory, Culture and Society*, 10: 1-13.

Lash, S. and Urry, J.(1994). *Economies of Signs and Space: After Organised Capitalism*, London: Sage.

Leach, W. R. (1984). Transformations in a Culture of Consumption: Women and Department Stores, 1890-1925. *The Journal of American History*, 71, 319-342.

Lefebvre, H. (1984). *Everyday Lift in the Moden World.* trans. by Sacha Rabinovitch. N. J.: New Brunswick.

Leiss, W. (1978). *The Limits to Satisfaction.* London: Marion Boyars.

Leiss, W., Kline, S. and Jhally, S. (1986). *Social Communication in Advertising.* New York: Macmillan.

Lee, M. J.(1993). *Consumer Culture Reborn: The cultural politics of consumption.* London and New York: Routledge.

Leslie, D.A. and Reimer, S. (1999). Spatialising commodity chains, *Progress in Human Geography*, 23: 401-420.

Ley, D.(1986). Alternative explanations for inner-city gentrification: a Canadian assessment, *Annals Association of American Geographers*, 76: 521-535.

Ley, D.(1996). *The New Middle Class and the Remaking of the Central City*, Oxford: Oxford University Press.

Liu, J. and Var, T.(1986). Resident attitudes towards tourism impacts in Hawaii, *Annals of Tourism Research,* 13: 193-213.

Lowe, M. S. and Wrigley, N. (1996). Towards the new retail geography, In: Wrigley, N. and Lowe, M. S. (eds) *Retailing, Consumption and Capital*, 3-30. Harlow, UK: Addison Wesley Longman.

Lowe, M. and Wrigley, N. (2000). Retail And The Urban. *Urban Geography*, 21(7): 640-653.

Lukacs, G. (1971). *History and Class Consciousness*, trans. by R. Livingstone. London: Merlin Press.

Lury, C.(1996). *Consumer Culture*. New Jersey: Rutgers University Press.

Lyotard, J.(1984). *The Postmodern Condition*. Minneapolis: University of Minnesota Press.

Macfarlane, A. (1978). *The Origins of English Individualism: The Family, Property, and Social Transition*. Oxford: Basil Blackwell.

Maffesoli, M. (1988). Affectual Postmodernism and the Megapolis, *Threshold IV*, 1.

Malraux, A. (1967). *Museum without Walls*. London.

Martin, B. (1981). *A Sociology of Contemporary Cultural Change*. Oxford: Basil Blackwell.

Mason, R. S. (1981). *Conspicuous Consumption*. New York: St. Martin's Press.

Mauss, M. (1970). *The Gift: Forms and Functions of Exchange in Archaic Society*. London: Routledge and Kegan Paul.

McCracken, G. (1986). Culture and Consumption: A Theoretical Account of the Cultural Meaning of Consumer Goods, *Journal of Consumer Research*, 13: 71-84.

McCracken, G. (1987). The History of Consumption: A Literature Review and Consumer Guide, *Journal of Consumer Policy*, 10: 139-166.

McCracken, G. (1988). *Cultural and Consumption*. Indiana University Press.

McCracken, G.(1984). Review of From Graven Images: Patterns of Modern Materialism by Chandra Mukerji, *International Journal of Comparative Sociology,* 25 (3-4): 283-284.

Mckendrick, N., Brewer, J., & Plumb, J. H. (1982). *The Birth of a Consumer Society: The Commercialization of Eighteenth-Century England.* Bloomington, In: Indiana University Press.

McRobbie, A.(1994). *Postmodernism and Popular Culture.* London: Routledge.

Mercer, C. (1983). A. Poverty of Desire: Pleasure and Popular Politics, In: T. Bennett et al. (eds) *Formations of Pleasure.* London: Routledge & Kegan Paul.

Miller, D.(1995). Consumption as the vanguard of history, In: D. Miller (ed) *Acknowledging Consumption: A Review of New Studies*, 1-57. London: Routledge.

Miller, D. (2001). *The Dialectics of Shopping*, Chicago. IL: Chicago University Press.

Miller, D. etc (1998). *Shoppoing, Place and Identity.* London and New York: Routledge.

Mills, C. (1988). Life on the upslope, The postmodern landscape of gentrification, *Society and Space*, 6: 169-189.

Miller, D. (1987). *Material Culture and Mass Consumption.* Oxford: Basil Blackwell Ltd.

Millot, B. (1988). Symbol, Desire and Power, *Theory, Culture & Society*, 5(4).

Milman, A. and Pizam, A.(1988). Social impacts of tourism on Central Florida, *Annals of Tourism Research*, 15: 191-204.

Mitchell, D. (2000). *Cultural Geography*. Oxford: Blackwell.

Moore, C. M. (2000). Streets of style: Fashion designer retailing within London and New York, In: Jackson, P., Lowe, M.S., Miller, D. and Mort, F. (eds) *Commercial Cultures*, 261-278. Oxford, UK: Berg.

Morrill, R. L. (1987). The structure of shopping in a metropolis, *Urban Geography*, 8: 97-128.

Mort, F. (1995). Archaeologies of city life: Commercial culture, masculinity and spatial relations in 1980s London, *Environment and Planning D: Society and Space*, 13: 573-590.

Mort, F. (1996). *Cultures of Consumption: Masculinities and Social Space in Late Twentieth Century Britain*. London: Routledge.

Mort, F.(1998). Cityscapes: Consumption, Masculinities and the Mapping of London since 1950, *Urban Studies*, 35 (5-6): 889-907.

Mukerji, C. (1983). *From Graven Images: Patterns of Modern Materialism*. New York: Columbia University Press.

Naremore, J. and Brantlinger, P. (ed.) (1991). *Modernity and Mass Culture*. Indiana University Press.

Nava, M.(1987). Consumerism and its contradictions, *Cultural Studies*, 1: 204-210.

Nava, M.(1996). Modernity's disavowal: women, the city and the department store, In: M. Nava and A. O'Shea (eds) *Modern Times: Reflections on a Century of English Modernity*, 38-76. London: Routledge.

Nelson, R. L. (1958). *The Selection of Retail Location*, Chicago: Dodge.

Nicosia, F. M. and Mayer, R. N. (1976). Toward a Sociology of Consumption, *Journal of Consumer Research*, 3: 65-75.

O' Neill, J. (1978). The Productive Body: An Essay on

the Work of Consumption, *Queen's Quarterly*, 85, 221-230.

Pile, S. and Thrift, N.(1995). *Mapping the Subject: Geographies of Cultural Transformation*, London: Routledge.

Pizam, A.(1978). Tourism impacts: the social costs to the destination community as perceived by its residents, *Journal of Travel Research*, 16: 8-12.

Poster, M. (1988). *Jean Baudrillard: Selected Writings*. Standford University Press.

Potter, R. B. (1982). *The Urban Retailing System: Location, Cognition and Behavior*. England: Gower and Retailing and Planning Associates.

Pred, A. (1996). Interfusions: Consumption, identity and the practices and power relations of everyday life, *Environment and Planning A*, 28: 11-24.

Preteceille, E. and Terrail, J. P. (1985). *Capitalism, Consumption and Needs*. Oxford: Basil Blackwell Ltd.

Quimby, I. M. G. (ed.)(1987). *Material Culture and the Study of American Life*. N. Y.: W. W. Norton &

Company, Inc

Reynolds B. and Stott, M. A. (ed.)(1987). *Material Anthropology: Contemporary Approaches to Material Culture*. University Press of America, Inc.

Roberts, D. (1988). Beyond Progress: The Museum and Montage, *Theory, Culture & Society*, 5(2-3).

Rochberg-Halton, E. (1986). *Meaning and Modernity*. Chicago: Chicago University Press.

Rose, G. (1978). *The Melancholy Science: An Introduction to the Thought of Theodor W. Adorno*. London: Macmillan.

Rothman, R. A.(1978). Residents and transients: community reaction to seasonal visitors, *Journal of Travel Research*, 16: 13-18.

Rushton, G. (1971). Behavioral Correlates of Urban Spatial Structure, *Economic Geography*, 47(1): 49-58.

Sack, R.(1988). The consumer's world: place as context. *Annals of the AAG*, 78: 642-664.

Sadler, D.(1993). Place marketing, competitive spaces and

the construction of hegemony in the 1980s, In: Kearns, G., Philo, C., *Selling Places: The City as Cultural Capital, Past and Present*, 175-192, Oxford: Pergamon.

Sahlins, M.(1976). *Culture and Practical Reason*, Chicago: University of Chicago Press.

Sassen, S.(1994). *Cities in a World Economy*. London: Pine Forge Press.

Schapiro, M. (1961). Style, In: M. Phillipson (ed) *Aesthetics Today*. London: Meridian Books.

Schudson, M. (1986). *Advertising: The Uneasy Persuasion*. New York: Harper.

Sennett, R.(1994). *Flesh and stone: The Body and the City in Western Civilisation*. London: Faber.

Shell, M. (1982). *Money, Language, and Thought: Literary and Philosophical Economics from the Medieval to the Modern Era*. Berkeley, CA: University of California Press.

Shell, M. (1986). *Advertising: The Uneasy Persuasion*. New York: Harper.

Sherry, J. F., Jr. (1986). The Cultural Perspective in Consumer Research, In: R. J. Lutz(ed) *Advances in Consumer Research*, Vol. 13.

Sherry, J. F., Jr. (1987). Cultural Propriety in a Global Marketplace, In: A. F. Firat et al.(eds), *Philosophical and Radical Thought in Marketing*, Chapter 10, Lexington Books.

Shields, R. (1986). *Towards a theory of social spatialization: Henri Lefebvre, the problem of space and the postmodern hypothesis*, MA thesis, Ottawa: Carleton University.

Shields, R.(1989). Socio-spatialization and the built environment: West Edmonton Mall, *Environment and Planning D: Society and Space*, 7: 147-164.

Shields, R. (1990). The System of Pleasure: Liminality and the Carnivalesque in Brighton, *Theory, Culture & Society*, 7(1).

Shields, R. (1991). *Places on the Margin*. London: Routledge.

Shields, R. (1992). Consumption cultures and the fate of

community, In: *Lifestyle Shopping: Spaces for the Subject of Consumption*. London: Routledge.

Simmel, G. (1904). Fashion. *International Quarterly*, 10, 130-155.

Simmel, G. (1971). Fashion, In: *Levine, D. N.(ed), George Simmel: On Individuality and Social Forms*, The University of Chicago.

Simmel, G. (1978). *The Philosophy of Money*, trans. by T. Bottomore and D. Firsby, London: Routledge & Kegan Panl.

Smith, M. D. (1996). The empire filters back: Consumption, production and the politics of Starbucks coffee, *Urban Geography*, 17: 502-524.

Smith, N.(1996). *The New Urban Frontier: Gentrification and the Revanchist City*. London: Routledge.

Sorkin, M.(ed) (1992). *Variations on a Theme Park: the New American City and the End of Public Space*. New York: Hill and Wang.

Spencer, L. (1985). Allegory in the World of the Commodity: The Importance of Central Park, *New*

German Critique, 34.

Stallybrass, P. and White, A. (1986). *The Politics and Poetics of Transgression*. London: Methuen.

Stauth, G. and Turner, B. S. (1988). Nostalgia, Postmodernism and the Critique of Mass Culture, *Theory, Culture & Society*, 5(2-3).

Stratton, J. (1989). Postmodernism and Popular Music, *Theory, Culture & Society*, 6(1).

Swingwood, A. (1977). *The Myth of Mass Culture*. London: Macmillan.

Thomason, P., Crompton, J., Kamp, B. (1979). A study of the attitudes of impacted groups within a host community toward prolonged stay tourist visitors, *Journal of Travel Research*, 18: 2-6.

Tomlinson, A. (ed.) (1990). *Consumption, Identity & style*. London: Routledge.

Touraine, A. (1985). An Introduction to the Study of Social Movements, *Social Research*, 52(4).

Turner, B. S. (1988). *Status*. Open University Press.

Turner, V. W. (1969). *The Ritual Process: Structure and*

Anti- Structure. London: Allen Lane.

Ulin, R. (1984). *Understanding Cultures: Perspectives in Anthropology and Social Theory*. Austin: University of Texas Press.

Urry, J. (1988). Cultural Change and Contemporary Holiday-making, *Theory, Culture & Society*. 5(1).

Van der Borg, J.(1992). Tourism and urban derelopment: the case of Venice Italy, *Tourism Recreation Research*, 17: 46-56.

Veblen, T. (1912). *The Theory of the Leisure Class*. N. Y.: Macmillan.

Virilio, P.(1987). The overexposed city, *Zone*, 1: 14-31.

Walkowitz, J.(1994). *City of Dreadful Delight: Narratives of Sexual Danger in Late-Victorian London*, London: Virago.

Williams, R. (1976). *Keywords*. London: Fontana.

Wiiliams, R. (1982). *Dream Words: Mass Consumption in Late Nineteenth Century France*. Berkeley, CA: University of California Press.

Williamson, J. (1992). I-less and gaga in the West

Edmonton Mall, In: Currie, D. and Raoul, V.(eds) *The anatomy of gender*, 97-115. Ottawa: Carleton University Press.

Willis, P. (1978). *Profane Culture*. London: Routledge & Kegan Paul.

Wolin, R. (1982). *Walter Benjamin: An Aesthetic of Redemption*. New York: Columbia University Press.

Wouters, C. (1986). Formalization and Informalization: Changing Tension Balances in Civilizing Processes, *Theory, Culture & Society*, 3(2).

Wolff, J.(1985). The invisible flaneuse: women in the literature of modernity, *Theory, Culture and Society*, 2: 37-46.

Wrigley, N. (1991). Is the golden age of British grocery retailing at a watershed? *Environment and Planning A*, 23: 1537-1544.

Wrigley, N. (1992). Sunk capital, the property crisis and the restructuring of British food retailing, *Environment and Planning A*, 24: 1521-1527.

Wrigley, N. (1993a). Retail concentration and the internationalization of British grocery retailing, In: Bromley, R. and Thomas, C.(eds) *Retail change, contemporary issues*, 41-68. London: UCL Press.

Wrigley, N. (1993b). Abuses of market power? Further reflections on UK food retailing and the regulatory state, *Environment and Planning A*, 25: 1545-1552.

Wrigley, N. (1994). After the store wars: towards a new era of competition in UK food retailing? *Journal of Retailing and Consumer Services,* 1: 5-20.

Wrigley, N. and Lowe, M. S. (1996). *Retailing, Consumption and Capital: Towards the New Retail Geography*. Harlow, UK: Addison Wesley Longman.

Wrigley, N. and Lowe, M. S. (2002). *Reading Retail: A Geographical Perspective on Retailing and Consumption Spaces*. London: Arnold.

Yang, Min-Chih and Hsing, Woan-Chiau(2001). Kinmen: governing the culture industry city in the changing global context, *Cities*, 18(2): 77-85.

Zukin, S. (1982). Art in the Arms of Power, *Theory and Society*, 11.

Zukin, S. (1988). *Loft Living*, 2nd edition. London: Hutchinson／Radius.

Zukin, S. (1990). Socio-spatial Prototypes of a New Organization of Consumption: The Role of Real Cultural Capital, *Sociology*: 24(1): 37-56.

Zukin, S.(1991). *Landscapes of Power: From Detroit to Disney World*. Berkeley: University of California Press.

Zukin, S. (1995). *The Culture of Cities*. Oxford: Blackwell.

三村浩史（1999）*地域共生‧都市計畫*，京都：學藝出版社。

服部銈二郎、杉村暢二（1975）*商店街と商業地域*，東京：古今書院。

文化手邊冊 16

消費文化理論

作　　者／陳坤宏

出　版　者／揚智文化事業股份有限公司

發　行　人／葉忠賢

總　編　輯／林新倫

執行編輯／姚奉綺

登　記　證／局版北市業字第1117號

地　　址／台北市新生南路三段88號5樓之6

電　　話／(02)2366-0309

傳　　真／(02)2366-0310

劃撥帳號／19735365　戶名：葉忠賢

法律顧問／北辰著作權事務所　蕭雄淋律師

印　　刷／鼎易彩色印刷股份有限公司

二版一刷／2005年2月

I S B N／957-818-702-5

定　　價／新台幣200元

E‑m a i l／service@ycrc.com.tw

國家圖書館出版品預行編目資料

消費文化理論／陳坤宏著 -- 二版. --臺北
市：揚智文化，2005〔民94〕
　　面：　公分.
參考書目：面
ISBN 957-818-702-5（平裝）

　1. 消費 – 哲學, 原理

551.85　　　　　　　　　93024001